J.M.J.

IL LIBRO DI

PREGHIERE

DELL'ORA SANTA

"NON POTRESTI VEGLIARE

UN'ORA CON ME?"

MEDITAZIONI E RIFLESSIONI

FULTON J. SHEEN

Il vescovo Sheen oggi

Via Giovanni 280

Midland, Ontario, Canada, L4R 2J5

www.bishopsheentoday.com

Editing e formattazione del libro di Ajayi Isaac

mailto:smeplegacy@gmail.com/ +2348162435897

Copertina di Janika Barman

www.twitter.com/barman_janika

In copertina: Immagine della Sacra Ostia nell'ostensorio, posta sull'altare maggiore della Cattedrale di Santa Maria dell'Immacolata Concezione situata a Peoria, Illinois, durante l'Adorazione Eucaristica. (Per gentile concessione di Phillip Lee) www.cdop.org

Dati di catalogazione in pubblicazione della Biblioteca del Congresso

Nomi: Sheen, Fulton J. (Fulton John), 1895-1979, autore. | Smith, Allan J., editore.

Sheen, Fulton J. (Fulton John), 1895-1979. L'Ora Santa: lettura e preghiera per un'ora quotidiana di meditazione. Preparato per il Consiglio Nazionale degli Uomini Cattolici. Huntington, IN: Il nostro visitatore domenicale, (1946)

L'armatura di Dio: riflessioni e preghiere per il tempo di guerra. Registrato a nome di P. J. Kenedy and Sons sotto il numero di scheda di catalogo del Congresso della Biblioteca: A 174944, dopo la pubblicazione del 15 luglio 1943

Smith, Al (Allan J.) editore - Signore insegnaci a pregare: un'antologia di Fulton Sheen. Manchester, New Hampshire: Sophia Institute Press, 2019, ISBN 9781644130834.

Titolo: Il libro di preghiere dell'Ora Santa. «Non potresti vegliare un'ora con me?» Meditazioni e riflessioni di Fulton J. Sheen.

Fulton J. Sheen; compilato da Allan J. Smith.

Descrizione: Midland, Ontario: il vescovo Sheen oggi, 2021

Identificatori:

ISBN: 978-1-997627-35-7 (brossura)

ISBN: 978-1-997627-36-4 (ebook)

ISBN: 978-1-997627-37-1 (copertina rigida)

Include riferimenti bibliografici.

Argomenti: Gesù Cristo — L'Ora Santa — Preghiera e meditazione

DEDICATO A

NOSTRA SIGNORA SEDE DELLA SAPIENZA

IN UMILE SUPPLICA

CHE ATTRAVERSO IL TUO

CUORE IMMACOLATO

IL MONDO POTREBBE TROVARE

LA SUA STRADA PER TORNARE A

IL SACRO CUORE DI

IL TUO DIVIN FIGLIO

Ad maiorem Dei gloriam

inque hominum salutem

v

Sommario

PERCHÉ FARE UN'ORA SANTA?

Lo scopo di queste meditazioni è quello di aiutare le anime a raggiungere una pace interiore meditando un'ora continua al giorno su Dio e sul nostro destino immortale. Che si usino o meno queste meditazioni non ha la minima importanza. Alcuni ebrei, alcuni protestanti e alcuni cattolici potrebbero trovarlo molto insoddisfacente. Se, tuttavia, li rifiutano perché desiderano fare l'Ora Santa a modo loro, avranno raggiunto il suo scopo. Ciò che è vitale non è che queste meditazioni vengano usate, ma che ci sia la meditazione.

Ma perché dedicare un'ora al giorno alla meditazione? Perché viviamo sulla superficie della nostra anima, conoscendo poco sia di Dio che del nostro io interiore. La nostra conoscenza riguarda principalmente le cose, non il destino. La maggior parte delle nostre difficoltà e delusioni nella vita sono dovute a errori nei nostri progetti di vita. Avendo dimenticato lo scopo della vita, abbiamo dubitato persino del valore della vita. Un osso rotto dà dolore perché non è dove dovrebbe essere; le nostre anime sono in agonia perché non tendiamo alla pienezza della Vita, della Verità e dell'Amore, che è Dio.

Ma perché fare un'Ora Santa? Ecco dieci motivi.

(1) Perché è il tempo trascorso alla Presenza di Nostro Signore Stesso. Se la fede è viva, non c'è bisogno di altre ragioni.

(2) Perché nella nostra vita frenetica ci vuole molto tempo per scrollarsi di dosso i "diavoli di mezzogiorno", le preoccupazioni mondane, che si attaccano alle nostre anime, come polvere. Un'ora con Nostro Signore segue l'esperienza dei discepoli sulla strada di Emmaus (Luca 24:13-35). Cominciamo camminando con Nostro Signore, ma i nostri occhi sono "serrati" così che non lo "riconosciamo"". Poi, Egli conversa con la nostra anima, mentre leggiamo le Scritture. La terza fase è quella della dolce intimità, come quando "si sedette a tavola con loro". La quarta tappa è il pieno sorgere del mistero dell'Eucaristia. I nostri occhi si "aprono" e lo riconosciamo. Alla fine, raggiungiamo il punto in cui non vogliamo più andarcene. L'ora sembrava così breve. Mentre ci alziamo, ci chiediamo:

Non ardeva forse in noi il nostro cuore quando ci parlò per la strada e quando ci fece conoscere le Scritture? (Luca 24:32)

(3) Perché Nostro Signore lo ha chiesto.

Non avevi dunque la forza di vegliare con me nemmeno per un'ora? (Matteo 26:40)

La parola era rivolta a Pietro, ma ci si riferisce a lui come Simone. È la nostra natura Simone, che ha bisogno dell'ora. Se l'ora sembra dura, è perché... Lo spirito è abbastanza volenteroso, ma la carne è debole. (Marco 14:39)

(4) Perché l'Ora Santa mantiene un equilibrio tra lo spirituale e il pratico. Le filosofie occidentali tendono a un attivismo in cui Dio non fa nulla e l'uomo tutto; le filosofie orientali tendono a un quietismo in cui Dio fa tutto e l'uomo nulla. Il giusto mezzo è nelle parole di San Tommaso: "l'azione dopo il riposo", Marta che cammina con Maria. L'Ora Santa unisce il contemplativo alla vita attiva della persona.

Grazie all'ora con Nostro Signore, le nostre meditazioni e i nostri propositi passano dal conscio al subconscio e poi diventano motivi di azione. Un nuovo spirito comincia a pervadere il nostro lavoro. Il cambiamento è operato da Nostro Signore, che riempie il nostro cuore e opera attraverso le nostre mani. Una persona può dare solo ciò che possiede. Per dare Cristo agli altri, bisogna possederlo.

(5) Perché l'Ora Santa ci farà mettere in pratica ciò che predichiamo.

Ecco un'immagine, disse, del regno dei cieli; C'era una volta un re che organizzò una festa di nozze per suo figlio e mandò i suoi servi a convocare tutti coloro che aveva invitato alle nozze; ma non vollero venire. (Matt. 22:2, 3)

E' stato scritto di Nostro Signore che Egli "si è messo in cammino per fare e per insegnare" (Atti 1:1). La persona che pratica l'Ora Santa troverà che quando insegnerà, la gente dirà di lui come del Signore:

Tutto... rimasero stupiti dalle parole gentili che uscivano dalla sua bocca. (Luca 4:22)

(6) Perché l'Ora Santa ci aiuta a riparare sia per i peccati del mondo che per i nostri. Quando il Sacro Cuore apparve a Santa Margherita Maria, fu il Suo Cuore, e non il Suo Capo, ad essere coronato di spine. È stato l'Amore ad essere ferito. Messe nere, comunioni sacrileghe, scandali, ateismo militante: chi vi rimedierà? Chi sarà Abramo per Sodoma, Maria per coloro che non hanno vino? I peccati del mondo sono i nostri peccati come se li avessimo commessi. Se hanno causato a

Nostro Signore un sudore sanguinolento, al punto che Egli ha rimproverato i Suoi discepoli per non essere rimasti con Lui un'ora, chiederemo noi con Caino:

Sta a me vegliare su mio fratello?

(Genesi 4:9)

(7) Perché riduce la nostra responsabilità alla tentazione e alla debolezza. Presentarsi davanti a Nostro Signore nel Santissimo Sacramento è come mettere un malato di tubercolo all'aria buona e alla luce del sole. Il virus dei nostri peccati non può esistere a lungo di fronte alla Luce del mondo.

Posso sempre tenere il Signore in vista; Egli è sempre alla mia destra, per farmi rimanere saldo. (Salmo 15:8)

Ai nostri impulsi peccaminosi viene impedito di sorgere attraverso la barriera eretta ogni giorno dall'Ora Santa. La nostra volontà si dispone al bene con poco sforzo cosciente da parte nostra. A Satana, il leone ruggente, non fu permesso di stendere la mano per toccare il giusto Giobbe finché non ricevette il permesso (Giobbe 1:12). Certamente allora il Signore tratterrà una grave caduta da colui che veglia (1 Corinzi 10:13). Con piena fiducia nel suo Signore eucaristico, la persona avrà una resilienza spirituale. Si riprenderà rapidamente dopo una caduta: Cadrò io, non è che per rialzarmi, mi siedo nelle tenebre, il Signore sarà la mia luce. Devo sopportare il dispiacere del Signore, io che ho peccato contro di lui, finché alla fine egli ammette la mia supplica e concede un risarcimento. (Michea 7:8, 9)

Il Signore sarà favorevole anche ai più deboli di noi, se ci troverà ai suoi piedi in adorazione, disponendoci a ricevere i favori divini. Non appena Saulo di Tarso, il persecutore, si umiliò davanti al suo Creatore, Dio mandò un messaggero speciale in suo soccorso, dicendogli che "anche ora è alle sue preghiere" (Atti 9:11). Anche la persona che è caduta può aspettarsi rassicurazione se osserva e prega.

Essi aumenteranno ciò che finora era diminuito, saranno esaltati coloro che un tempo erano stati abbassati. (Geremia 30:19, 20)

8) Poiché l'Ora Santa è una preghiera personale, la persona che si limita strettamente al suo obbligo ufficiale, è come l'uomo del sindacato che abbassa gli attrezzi nel momento in cui suona il fischio. L'amore inizia quando finisce il dovere. È un dono del mantello quando si prende il mantello. È camminare il miglio in più.

La risposta verrà prima che si esuli un grido di aiuto; La preghiera trova uditorio mentre è ancora sulle loro labbra. (Isaia 65:24)

Naturalmente, non dobbiamo fare un'Ora Santa – ed è proprio questo il punto. L'amore non è mai costretto, tranne che all'inferno. Lì l'amore deve sottomettersi alla giustizia. Essere costretti ad amare sarebbe una specie di inferno. Nessun uomo che ama una donna è obbligato a darle un anello di fidanzamento, e nessuna persona che ama il Sacro Cuore deve mai dare un'Ora di fidanzamento.

«Vorresti andartene anche tu?» (Giovanni 6:68) è l'amore debole; "Stai dormendo?" (Marco 14:37) è *l'amore irresponsabile*; "Aveva grandi possedimenti" (Matteo 19:22; Marco 10:22) è l'amore *egoistico*. Ma la persona che ama il Suo Signore ha tempo per altre attività prima di compiere atti d'amore "al di sopra e al di là del dovere"? Il paziente ama il medico che si fa pagare per ogni chiamata, o comincia ad amare quando il medico gli dice: "Sono appena passato a vedere come stavi"?

(9) La meditazione ci impedisce di cercare una via di fuga esterna dalle nostre preoccupazioni e miserie. Quando sorgono difficoltà, quando i nervi sono tesi da false accuse, c'è

sempre il pericolo che possiamo guardare all'esterno, come fecero gli Israeliti, per essere liberati.

Da parte del Signore Dio, il Santo d'Israele, ti è stato detto: Torna e taci, e tutto andrà bene per te; Nella quiete e nella fiducia risiede la tua forza. Ma tu non ne avresti nessuno; A cavallo! Hai gridato, dobbiamo fuggire! e fuggirai; Dobbiamo cavalcare in fretta, hai detto, ma in fretta ancora più veloci cavalcare i tuoi inseguitori. (Isaia 30:15, 16)

Nessuna fuga esteriore, né piacere, bere, amici o tenersi occupati, è una risposta. L'anima non può "volare su un cavallo"; Deve prendere "le ali" in un luogo dove la sua "vita è nascosta... con Cristo in Dio" (Colossesi 3:3).

(10) Infine, perché l'Ora Santa è necessaria per la Chiesa. Nessuno può leggere l'Antico Testamento senza prendere coscienza della presenza di Dio nella storia. Quante volte Dio si servì di altre nazioni per punire Israele per i suoi peccati! Egli fece dell'Assiria la "verga che compie la mia vendetta" (Isaia 10:5). La storia del mondo a partire dall'Incarnazione è la Via Crucis. L'ascesa delle nazioni e la loro caduta rimangono legate al Regno di Dio. Non possiamo comprendere il mistero del governo di Dio, perché è il "libro sigillato" dell'Apocalisse. Giovanni pianse quando lo vide (Apocalisse 5:4). Non riusciva

a capire perché quel momento di prosperità e quell'ora di avversità.

L'unico requisito è l'avventura della fede, e la ricompensa è la profondità dell'intimità per coloro che coltivano la Sua amicizia. Rimanere con Cristo è comunione spirituale, come Egli ha insistito nella notte solenne e sacra dell'Ultima Cena, nel momento in cui ha scelto di donarci l'Eucaristia:

Tu devi solo continuare a vivere in me, e io continuerò a vivere in te. (Giovanni 15:4)

Egli ci vuole nella sua dimora, perché anche tu sia dove sono io. (Giovanni 14:3)

COME FARE L'ORA SANTA

"Nulla ti impedisca di pregare sempre e non aver paura di essere giustificato fino alla morte, poiché le ricompense di Dio durano per sempre. Prepara l'anima tua prima della preghiera; e non essere come un uomo che tenta Dio" (Sir 18; 22-23).

La preghiera è l'elevazione della nostra anima a Dio al fine di corrispondere perfettamente alla Sua Santa Volontà. Il nostro Divino Signore, descrivendo la Sua Missione, disse: "Poiché io sono disceso dal cielo non per fare la mia volontà, ma la volontà di colui che mi ha mandato... il Padre, affinché io non perda nulla di ciò che egli mi ha dato, ma lo risusciti nell'ultimo giorno" (Giovanni 6:38, 39). "Il mio cibo consiste nel fare la volontà di colui che mi ha mandato, per compiere la sua opera" (Giovanni 4:34).

Per corrispondere alla Divina Volontà, dobbiamo, prima di tutto, conoscerla e, in secondo luogo, avere la grazia e la forza di corrispondere con essa, una volta che è conosciuta. Ma per ottenere questi due doni di luce per la nostra mente e di potere per la nostra volontà, dobbiamo vivere in termini di intima amicizia con Dio. Questo si fa attraverso la preghiera. Una vita di preghiera è, quindi, una vita vissuta in conformità con la Santa Volontà di Dio, come una vita senza preghiera è una vita di volontà egoistica e di egoismo.

C'è un elemento di preghiera comune agli ebrei, ai protestanti e ai cattolici, vale a dire la fede in Dio. Più della metà delle preghiere, per esempio, che un sacerdote dice nel suo Ufficio Divino, sono prese dall'Antico Testamento. In relazione a tutti e tre, cioè ebrei, protestanti e cattolici; un'Ora Santa sarà, quindi, intesa come un'Ora al giorno trascorsa a meditare su Dio e sulla nostra salvezza eterna. Quest'Ora Santa può essere fatta ovunque.

Per i cattolici, tuttavia, l'Ora Santa ha un significato molto speciale. Significa un'Ora continua e ininterrotta trascorsa alla presenza di Nostro Divino Signore nell'Eucaristia; per questo motivo una meditazione sulla Santissima Eucaristia è stata inclusa come una di queste meditazioni in questo libro.

Nel caso di sacerdoti e religiosi, si suggerisce che facciano quest'Ora Santa in aggiunta alla loro consueta recita dell'Ufficio Divino e della Santa Messa.

Quest'Ora Santa sarà trascorsa in preghiera e meditazione. Qui viene fatta una distinzione tra i due, con l'accento su quest'ultimo. Per preghiera, intendiamo qui la recita di preghiere formali, generalmente composte da una persona diversa da colui che prega.

I Salmi rappresentano una delle più alte forme di preghiera vocale e sono comuni a ebrei, protestanti e cattolici. Altre preghiere vocali includono il Padre Nostro, l'Ave Maria, il Credo, il Confiteor, gli Atti di Fede, Speranza e Carità e migliaia di altre preghiere che si trovano nei libri religiosi. Ci sono tre tipi di attenzione nella preghiera vocale: (1) alle parole, per non dirle male; (2) al loro senso e significato; e (3) a Dio e all'intenzione per la quale preghiamo. L'ultimo tipo di attenzione è essenziale per la preghiera vocale.

Ma lo scopo principale di queste meditazioni dell'Ora Santa è la coltivazione della preghiera mentale o meditazione. Pochissime anime meditano; O sono spaventati dalla parola oppure non ne hanno mai insegnato l'esistenza. Nell'ordine umano, l'uomo innamorato è sempre cosciente dell'amato, vive in presenza dell'altro, decide di fare la volontà dell'altro e considera la sua più grande gelosia superata nel minimo vantaggio del dono di sé. Applicate questo a un'anima innamorata di Dio, e avrete i rudimenti della meditazione.

13

La meditazione è, quindi, una sorta di comunione dello spirito con lo spirito, con Dio come suo oggetto. Senza pretendere di mettere per iscritto gli aspetti formali della meditazione, ma per renderla il più intelligibile possibile ai principianti, la tecnica di meditazione è la seguente:

(1) Parliamo con Dio: Iniziamo mettendoci alla presenza di Dio. Per coloro che compiono l'Ora Santa davanti al Santissimo Sacramento, ci deve essere la consapevolezza della nostra presenza davanti al Corpo, al Sangue, all'Anima e alla Divinità del Nostro Signore e Salvatore Gesù Cristo. Naturalmente, ci sono vari gradi di intimità con le persone. In un teatro ci sono centinaia di presenti, ma tra loro c'è poca o nessuna intimità. L'intimità si approfondisce nella misura in cui stabiliamo una conversazione con uno o più di loro, e a seconda di questa conversazione scaturisce da un interesse comune. Così è per Dio.

La preghiera, dunque, non è una mera richiesta di cose, ma un tendere a una trasformazione; cioè, un divenire "conforme all'immagine del suo Figlio" (Romani 8:29). Preghiamo non per disporre Dio a darci qualcosa, ma per disporci a ricevere qualcosa da Lui: la pienezza della Vita Divina.

(2) Dio ci parla: L'attività non è solo dal lato umano, ma anche dal lato divino. Una conversazione è uno scambio, non un monologo. Come l'anima ha voluto avvicinarsi a Dio, Dio vuole avvicinarsi all'anima. Sarebbe sbagliato monopolizzare la conversazione con gli amici, è più sbagliato farlo nelle nostre relazioni con Dio. Non dobbiamo parlare noi; Dobbiamo anche essere buoni ascoltatori. "Parla, Signore, perché il tuo servo ti ascolta" (1 Re 3:9).

L'anima ora sperimenta la verità delle parole "Avvicinati a Dio ed egli si avvicinerà a te" (Giacomo 4:8). Durante tutta la meditazione, si concepiranno affetti devoti di adorazione, di supplica, di sacrificio e di riparazione a Dio, ma in particolare alla fine della meditazione. Questi affetti o colloqui devono essere offerti preferibilmente nella nostra lingua, perché ogni anima deve fare il proprio amore a Dio, e Dio ama ogni anima in un modo particolare.

"All'inizio, l'anima attratta da Gesù da un impulso di grazia, viene a Lui, piena di pensieri e aspirazioni naturali, e molto ignorante del soprannaturale. Non comprende né Dio né se stessa. Ha qualche relazione intima con la Divinità fuori di sé e dentro di sé, ma comincia a dialogare con Gesù. Se persiste nella frequentazione della sua compagnia, il Signore prende gradualmente parte sempre più alla conversazione e

15

comincia ad illuminare l'anima. Nella sua contemplazione dei misteri della fede, Egli la aiuta a penetrare al di sotto delle parole, dei fatti e dei simboli, finora conosciuti solo superficialmente, e a cogliere il senso interiore delle verità soprannaturali contenute in questi fatti, parole o simboli. Le Scritture si aprono gradualmente all'anima. I testi noti cominciano ad acquisire un significato nuovo e più profondo. Le espressioni familiari trasmettono una conoscenza che l'anima si meraviglia di non aver mai scoperto in esse. Tutta questa nuova luce è diretta a dare una comprensione più piena e più perfetta dei misteri della nostra fede, che sono i misteri della vita di Gesù" (Leen, *Progress Through Mental Prayer*, p. 29). Sheed & Ward).

Non leggete queste meditazioni come una storia. Leggi lentamente alcune righe; chiudere il libro; pensate alla verità in essi contenuta; applicali alla tua vita; parla a Dio di quanto poco hai corrisposto alla Sua Volontà, di quanto sei ansioso di farlo; ascolta Dio che parla alla tua anima; fate atti di fede, di speranza e di amore verso Dio, e solo quando quel filo di pensiero è stato esaurito dovreste procedere all'idea successiva. Una sola Ora Santa non richiederà necessariamente la lettura di un capitolo di questo libro. Se si medita bene, un solo capitolo dovrebbe fornire pensieri per molte Ore Sante.

Quando questo libro di meditazioni è esaurito, prendete in mano le Sacre Scritture o qualche libro veramente spirituale, o la vita di un santo, e usatelo come ispirazione e per meditazione.

PRIMA MEDITAZIONE

L'INCARNAZIONE DEL NOSTRO SIGNORE
E SALVATORE GESÙ CRISTO

L'Amore è naturalmente espansivo, ma l'Amore Divino è creativo. L'amore ha rivelato il segreto della sua bontà al nulla, e quella era la creazione. L'amore ha fatto qualcosa di simile a sua immagine e somiglianza, e questo era l'uomo. L'amore è prodigo dei suoi doni, e questa è stata l'elevazione dell'uomo alla filiazione adottiva di Dio. L'amore deve sempre correre il rischio di non essere ricambiato, perché l'amore è gratuito. Il cuore umano si è rifiutato di ricambiare quell'amore nell'unico modo in cui l'amore può mai essere dimostrato, cioè con la fiducia e la fiducia in un momento di prova. L'uomo, così ha perso i doni di Dio, ha ottenebrato il suo intelletto, ha indebolito la sua volontà e ha portato nel mondo il primo peccato o il peccato originale, perché il peccato è in definitiva un rifiuto di amare.

E' stato il rifiuto dell'uomo di amare il meglio che ha creato il problema più difficile di tutta la storia dell'umanità, cioè il problema di riportare l'uomo nel favore dell'Amore Divino. In breve, il problema era questo: l'uomo aveva peccato, ma il suo peccato non era semplicemente una ribellione contro un altro uomo, ma una rivolta contro l'Amore Infinito di Dio. Pertanto, il suo peccato era infinito.

Questo è un lato del problema. L'altro lato è questo: ogni infrazione o violazione di una legge richiede riparazione o espiazione. Poiché Dio è Amore Infinito, potrebbe perdonare l'uomo e dimenticare l'offesa, ma il perdono senza indennizzo eclisserebbe la Giustizia, che è la natura di Dio. Senza porre alcun limite alla Misericordia di Dio, si potrebbe comprendere meglio la Sua azione se la Sua Misericordia fosse preceduta da una soddisfazione per il peccato, perché non si può mai essere misericordiosi se non si è giusti. La Misericordia è il traboccare della Giustizia.

Ma supponendo che l'uomo debba dare soddisfazione, potrebbe egli soddisfare adeguatamente il suo peccato? No, perché la soddisfazione, la riparazione o l'espiazione che l'uomo aveva da offrire era solo finita.

L'uomo, che è finito, ha un debito infinito. Ma come può un uomo che deve un milione pagare il debito con un centesimo? Come può l'essere umano espiare il Divino? Come conciliare Giustizia e Misericordia? Se si vuole essere soddisfatti della caduta dell'uomo, il finito e l'infinito, l'umano e il divino, Dio e l'uomo, devono in qualche modo essere collegati insieme. Non sarebbe opportuno che Dio solo scendesse e soffrisse come Dio solo; perché allora non avrebbe nulla in comune con l'uomo; il peccato non era di Dio, ma dell'uomo. Non sarebbe opportuno che l'uomo soffrisse o espiasse da solo, perché il merito delle sue sofferenze sarebbe solo limitato. Se la soddisfazione fosse stata completa, si sarebbero dovute soddisfare due condizioni: l'uomo avrebbe dovuto essere uomo per agire come uomo ed espiare; l'uomo dovrebbe essere Dio affinché le sue sofferenze abbiano un valore infinito. Ma affinché il finito e l'infinito non agiscano come due personalità distinte, e affinché dalla sofferenza dell'uomo derivi un merito infinito, Dio e l'uomo dovrebbero in qualche modo diventare uno, o, in altre parole, ci dovrebbe essere un Dio-uomo. Se la Giustizia e la Misericordia dovessero essere riconciliate, ci dovrebbe essere un'Incarnazione, il che significa che Dio assume una natura umana in modo tale da essere vero Dio e vero uomo. Ci sarebbe dovuta essere un'unione di Dio e dell'uomo, e questa unione ha avuto luogo nella nascita del nostro Signore e Salvatore, Gesù Cristo.

21

L'amore tende a diventare come colui che è stato amato; Anzi, desidera persino diventare una cosa sola con la persona amata. Dio ha amato l'uomo indegno. Egli volle diventare una cosa sola con lui, e quella fu l'Incarnazione. Una notte uscì nella quiete di una brezza serale, sulle bianche colline di gesso di Betlemme, un grido, un grido soave. Il mare non udì il grido, perché il mare era pieno della sua voce. La terra non udì il grido, perché la terra dormiva. I grandi uomini della terra non udirono il grido, perché non riuscivano a capire come un bambino potesse essere più grande di un uomo. I re della terra non udirono il grido, perché non riuscivano a capire come un re potesse nascere in una stalla. C'erano solo due classi di uomini che udirono il grido quella notte: i pastori e i magi. Pastori: chi sa di non sapere nulla. Saggi: chi sa di non sapere tutto. Pastori: poveri uomini semplici che sapevano solo pascere il loro gregge, che forse non sapevano dire chi fosse il Governatore della Giudea; il quale, forse, non conosceva un solo verso di Virgilio, anche se non c'era un romano che non potesse citarlo. Dall'altra parte, c'erano i Re Magi; non Re, ma maestri di Re; uomini che sapevano leggere le stelle, raccontare i loro movimenti; uomini che erano costantemente inclini alla scoperta. Entrambi udirono il grido. I Pastori hanno trovato il loro Pastore; i Magi scoprirono la Sapienza. E il Pastore e la Sapienza erano un Bambino in una culla.

Colui che è nato senza madre in Cielo, è nato senza padre sulla terra. Colui che ha fatto sua madre è nato da sua madre. Colui che ha fatto ogni carne è nato dalla carne. "L'uccello che ha costruito il nido vi è nato". Creatore del sole, sotto il sole; Modellatore della terra, sulla terra; Ineffabilmente Saggio, un piccolo bambino; riempiendo il mondo, sdraiato in una mangiatoia; governando le stelle, allattando un seno; piange l'allegria del Cielo, Dio si fa uomo; Creatore, una creatura. Il ricco diventa povero; Divinità, incarnata; Maestà, soggiogata; Liberty, prigioniera; L'eternità, il tempo; Padrone, un servo; Verità, accusato; Giudice, giudicato; Giustizia, condannata; Signore, flagellato; Potenza, legata con corde; Re, coronato di spine; Salvezza, ferito; Vita, morta. "La Parola Eterna è muta." Meraviglia delle meraviglie! Unione dei sindacati! Tre misteriose unioni in una; Divinità e umanità; Verginità e fecondità; La fede e il cuore dell'uomo.

Ci vuole un Divino, un Essere Infinito per usare gli stessi strumenti della sconfitta come strumenti della vittoria. La caduta avvenne attraverso tre realtà: in primo luogo, un uomo disobbediente: Adamo. Secondo, una donna orgogliosa: Eva. Terzo, un albero. La riconciliazione e la redenzione dell'uomo sono avvenute attraverso questi stessi tre. Poiché l'uomo disubbidiente, Adamo, era il nuovo Adamo obbediente della razza umana, Cristo; per l'orgogliosa Eva, c'era l'umile Maria; e per l'albero, la Croce.

Nostro Signore non ha camminato per la terra per sempre, raccontando alla gente banalità sulla verità. Non stava solo spiegando la verità, la sconfitta, la rassegnazione e il sacrificio. Tutti gli altri lo hanno fatto. L'obiettivo che cercava era la morte. Dall'inizio alla fine, una sola visione era davanti ai Suoi occhi: stava per morire. Non morire perché non poteva farne a meno, ma morire perché lo ha voluto. La morte non è stata un incidente nella Sua carriera; non era un incidente nel Suo piano, era l'unico affare che doveva fare. Durante tutta la Sua vita redentrice, Egli attese con ansia la Sua morte redentrice. Ha anticipato il Suo spargimento di sangue sul Calvario con la Sua circoncisione all'età di otto giorni. All'inizio del Suo ministero pubblico, la Sua presenza ispirò Giovanni a gridare ai suoi discepoli al Giordano: "Ecco l'Agnello di Dio" (Giovanni 1:29). Egli rispose alla confessione della Sua Divinità da parte di Pietro a Cesarea di Filippo: "Bisogna soffrire molte cose da parte degli anziani, degli scribi e dei sommi sacerdoti, ed essere messo a morte, e risuscitare il terzo giorno" (Matteo 16:21); i giorni plumbei e pesanti lo fecero gridare con bella impazienza: "Ho un battesimo con cui essere battezzato; e come sono angosciato finché non sarà compiuto!" (Luca 12:50). Al membro del Sinedrio che avrebbe cercato un segno, Egli predisse la Sua morte sulla Croce. Egli rispose: "E come Mosè innalzò il serpente nel deserto, così bisogna che sia innalzato il Figlio dell'uomo, affinché quelli che credono in lui non periscano, ma abbiano vita eterna" (Giovanni 3:14-15). Ai farisei, che erano come pecore senza pastore, Egli disse: "Io sono il buon pastore. Il buon pastore dà la vita per le sue pecore . . . e do la mia vita per le mie pecore . . . Nessuno me lo toglie, ma io lo depongo da me stesso. Ho il potere di deporla e ho il potere di riprenderla. Questo è il comando che ho ricevuto dal Padre mio" (Giovanni 10:11, 16, 18). A tutti gli uomini di tutti i tempi che vorrebbero dimenticare che Egli è venuto come Nostro Redentore e Salvatore, Egli rivolge le parole più tenere che siano mai state raccolte su questa terra peccaminosa: "Poiché Dio ha tanto amato il mondo, che ha dato il suo unigenito Figlio, affinché quelli che credono in lui non periscano, ma abbiano vita eterna. Dio infatti non ha mandato il suo Figlio nel mondo per giudicare il mondo, ma perché il mondo sia salvato per mezzo di lui" (Giovanni 3:16-17).

Il pentimento e la confessione di
Davide dopo il suo peccato

Abbi pietà di me, o Dio, secondo la tua grande misericordia. E secondo la moltitudine delle tue tenere misericordie cancella la mia iniquità. Lavami ancora di più dalla mia iniquità e purificami dal mio peccato. Poiché io conosco la mia iniquità e il mio peccato è sempre davanti a me. Io solo ho peccato per te e ho fatto ciò che è male davanti a te, affinché tu sia giustificato nelle tue parole e vinca quando sarai giudicato. Poiché ecco, io sono stato concepito nelle iniquità, e mia madre mi ha concepito nei peccati. Ecco, tu hai amato la verità, mi hai manifestato le cose incerte e nascoste della tua sapienza. Tu mi aspergerai d'issopo e sarò purificato, anche se mi laverai e diventerò più bianco della neve. Tu darai gioia ed esultanza al mio orecchio, e le ossa che sono state umiliate gioiranno. Distogli la tua faccia dai miei peccati e cancella tutte le mie iniquità. Crea in me, o Dio, un cuore puro, e rinnova uno spirito retto nelle mie viscere. Non allontanarmi dal tuo volto e non togliere da me il tuo spirito santo. Restituiscimi la gioia della tua salvezza e fortificami con uno spirito perfetto. Insegnerò agli ingiusti le tue vie, e gli empi si convertiranno a te. Liberami dal sangue, o Dio, Dio della mia salvezza, e la mia lingua esalterà la tua giustizia. O Signore, tu aprirai le mie labbra e la mia bocca proclamerà la tua lode. Se tu avessi desiderato un sacrificio, io l'avrei dato; non ti rallegrerai degli olocausti. Un sacrificio a Dio è uno spirito afflitto, un cuore contrito e umiliato, o Dio, che tu non disprezzi. Comportati favorevolmente, o Signore, nella tua benevolenza con Sion; affinché le mura di Gerusalemme siano ricostruite. Allora accetterai il sacrificio di giustizia, le oblazioni e gli olocausti integri, allora deporranno dei vitelli sul tuo altare" (Salmi 50:3-21).

Preghiera di Sant'Agostino

(Da La Raccolta)

"Signore Gesù, fa' che io conosca me stesso e Te. e non desiderare altro che te. Possa io odiare me stesso e amarti. Fa' che io faccia tutto per Te. Possa io umiliarmi ed esaltarti. Possa io non pensare a nient'altro che a Te. Fa' che io muoia a me stesso e viva in Te. Possa io ricevere tutto ciò che accade come da Te. Possa io bandire me stesso e seguirti. E sempre desiderosi di seguirti. Fa' che io fugga da me stesso e voli da Te, per meritare di essere difeso da Te. Fa' che io possa temere per me stesso e temere Te ed essere tra coloro che sono scelti da Te. Fa' che io diffida di me stesso e confidi in Te. Possa io essere disposto ad obbedire a causa Tua. Possa io aggrapparmi a nient'altro che a Te. Possa io essere povero per amore di Te. Guardami affinché io possa amarti. Chiamami affinché io possa vederTi e godere sempre e sempre di Te. Amen".

SECONDA MEDITAZIONE

COME CRISTO VIVE IN NOI OGGI

Quante volte sentiamo le anime lamentarsi di essere così lontane dalla Galilea e così lontane da Gesù. Il mondo è pieno di uomini e donne che pensano a Nostro Signore solo e unicamente in termini di ciò che i loro occhi possono vedere, le loro orecchie possono sentire e le loro mani possono toccare. Quanti sono coloro che, partendo dalla verità che Egli fu un grande Maestro di influenza dominante che camminò sulla terra duemila anni fa, raccolgono i particolari del paesaggio del lago e della regione montuosa della Galilea, e usano meglio la loro immaginazione per descrivere le esatte circostanze della Sua vita terrena; ma qui finisce l'apprezzamento della Sua vita. Hanno imparato abitualmente a pensare a Lui come a qualcuno che appartiene alla storia umana, come Cesare, Washington o Maometto; pensano a Lui come a uno che ha vissuto sulla terra ed è morto. Ma dove Egli è, qual è la Sua natura, se può agire su di noi ora, se può ascoltarci, essere avvicinato da noi, sono pensieri che vengono sprezzantemente liquidati come appartenenti alla categoria delle astrazioni teologiche e dei dogmi sciocchi. Queste stesse anime possono seguire il Suo esempio in questo o quel caso, applicare le Sue Beatitudini a questa o quella circostanza della loro vita, considerare la Sua vita come un grande sacrificio e ispirazione; ma oltre a questo Cristo non significa nulla per loro. Egli è l'uomo più grande che sia mai esistito, ma non è niente di più. Essi sono infatti tra coloro dei quali San Paolo ha detto di conoscere Cristo solo secondo la carne.

Bisogna ammettere che la presenza continua e sensibile del Nostro Salvatore sarebbe stata un'ispirazione continua per la nostra vita, ma non dobbiamo dimenticare che Egli stesso disse la notte prima di morire: "Vi è bene che io me ne vada" (Giovanni 16:7). Strane parole, queste. Perché dovevano essere pronunciate in un momento in cui Egli aveva allontanato i cuori dei Suoi Apostoli dalle loro reti, dalle loro barche e dalle loro tavole doganali, e li aveva avvolti così strettamente attorno al Suo Sacro Cuore? Come potrebbe essere utile per loro che Egli vada? Era opportuno che andasse per essere più vicino a noi. Questa è proprio la ragione che Egli ha dato per la Sua partenza: "Se non vado io, il Consolatore non verrà a voi; ma se me ne vado, te lo manderò . . . ancora un po' e non mi vedrai più; e ancora un po' di tempo, e mi vedrete perché vado al Padre . . . Ti vedrò di nuovo e il tuo cuore si rallegrerà; e nessuno ti toglierà la tua gioia" (Giovanni 16:7-8, 16, 22).

In queste solenni parole pronunciate alla vigilia della Sua crocifissione, Egli affermò esplicitamente che sarebbe tornato nelle profondità sconfinate della Vita di Suo Padre da cui era venuto, ma che la Sua partenza non li avrebbe lasciati orfani, poiché sarebbe tornato in un modo nuovo; vale a dire, per mezzo del Suo Spirito. Nostro Signore stava qui dicendo in modo equivalente che se fosse rimasto sulla terra nella Sua vita fisica, sarebbe stato solo un esempio da imitare; ma se andasse da Suo Padre e mandasse il Suo Spirito, allora sarebbe una vita da vivere. Se fosse rimasto sulla terra sarebbe stato sempre fuori di noi, fuori di noi; una Voce esterna, una Vita esterna, un Esempio eterno – Egli non potrebbe mai essere posseduto se non da un abbraccio.

Ma una volta asceso al cielo e seduto alla destra del Padre nella Gloria che è la Sua, allora poté mandare il Suo Spirito nelle nostre anime, in modo che fosse con noi non come una Persona esterna, ma come un'Anima vivente; allora non sarebbe solo un mero qualcosa di meccanico da copiare, ma un qualcosa di vitale da riprodurre, non un qualcosa di esterno da ritrarre nella nostra vita, ma un qualcosa di vivo da

31

sviluppare dentro di noi. La Sua ascensione al Cielo, e il Suo invio del Suo Spirito, da soli gli rendono possibile di unirsi completamente a noi, di prendere dimora con noi, corpo e sangue, anima e divinità, e di essere nel senso più stretto del termine "Cristo in noi". Era opportuno, quindi, che Egli andasse. Altrimenti, sarebbe appartenuto alla storia e a un paese. Ora Egli appartiene agli uomini.

Grazie al Suo Spirito Invisibile, che Egli manda nel Suo Corpo Mistico, Cristo vive ora sulla terra con la stessa realtà e verità con cui viveva in Galilea venti secoli fa. In un certo senso Egli è più vicino a noi ora di allora, perché il suo stesso corpo lo ha fatto allora esterno a noi, ma grazie al suo Spirito, ora può vivere in noi come l'Anima stessa della nostra anima, lo Spirito stesso del nostro spirito, la Verità della nostra mente, l'Amore del nostro cuore, e il desiderio della nostra volontà. Così la vita di Cristo viene trasferita dallo Spirito dall'ambito degli studi puramente storici, che indaghiamo con la nostra ragione, all'ambito dell'esperienza spirituale, dove Egli parla direttamente alla nostra anima. Può essere stata una grande consolazione per la donna cananea aver toccato l'orlo della Sua veste, per Maddalena aver baciato i Suoi piedi, per Giovanni essersi appoggiato al Suo petto la notte dell'Ultima Cena, ma tutte queste intimità sono esterne. Hanno una grande forza e un grande fascino perché sono sensibili, ma nessuno di loro può nemmeno vagamente avvicinarsi all'unione, all'intimità, che viene dal possedere Cristo interiormente, grazie al suo Spirito Santo. Le gioie più grandi della vita sono quelle che vengono dall'unità. Non raggiungiamo mai l'apice dell'unità finché non c'è una fusione di amori, di pensieri e di desideri, un'unità così profonda che pensiamo con colui che amiamo, amiamo con colui che amiamo, desideriamo ciò che egli desidera; e questa unità si trova nella sua perfezione quando l'anima è resa una cosa sola con lo Spirito di Cristo, che è lo Spirito di Dio. Le gioie che scaturiscono dalle amicizie umane, anche le più nobili, non sono che le ombre e i riflessi affettuosi della gioia di un'anima posseduta dallo Spirito di Cristo. Eleva la felicità umana, che deriva dall'unione con la persona amata, al punto più estremo che il cuore possa sopportare, e anche questa non è che una scintilla in confronto alla Grande Fiamma dello Spirito di Cristo che arde in un'anima che Lo ama.

Che cos'è esattamente questa vita di Cristo nell'anima battezzata? È la grazia, un dono soprannaturale che ci viene concesso attraverso i meriti di Gesù Cristo per la nostra salvezza.

L'intero ordine della creazione ci offre un'analogia della qualità del dono della grazia. Se una pietra, per esempio la roccia di Gibilterra, dovesse improvvisamente fiorire, sarebbe qualcosa che trascende la sua natura. Se un giorno una rosa diventasse cosciente, e vedesse, sentisse e toccasse, sarebbe un atto soprannaturale, un atto totalmente indebito rispetto alla natura della rosa in quanto tale. Se un animale si lanciasse in un processo di ragionamento e pronunciasse parole di saggezza, sarebbe un atto soprannaturale, perché non è nella natura di un animale essere razionale. Allo stesso modo, ma in modo molto più rigoroso, se l'uomo, che per natura è una creatura di Dio, diventa un figlio di Dio, un membro della famiglia della Trinità e un fratello di Gesù Cristo, è un atto soprannaturale per l'uomo, e un dono che supera tutte le esigenze e i poteri della sua natura, Ancor più della fioritura supera la natura e la potenza del marmo.

La grazia fa dell'uomo una "nuova creatura", infinitamente più alta della sua condizione precedente, più di quanto lo sarebbe un animale se parlasse con la sapienza di Socrate. Non c'è nulla in tutta la creazione come quel dono con cui Dio chiama l'uomo figlio, e l'uomo chiama Dio "Padre". La differenza tra la semplice vita umana e la vita umana resa deforme dalla grazia non è di sviluppo, ma di generazione. La fonte della vita in entrambi i casi è diversa come la Paternità umana e quella Divina. La distanza che separa alcuni minerali dal regno vegetale può essere solo di un capello, ma la distanza che separa la vita umana dalla Vita Divina è infinita. "Nessuno può passare di là da qui".

Il mondo, agli occhi di Dio, è diviso in due classi, i figli degli uomini e i figli di Dio. Tutti sono chiamati ad essere figli di Dio, ma non tutti accettano il dono degnamente, credendo che se dovessero prendere Cristo come loro parte, non avrebbero nient'altro. Significa dimenticare che il tutto contiene le parti e che nella Vita Perfetta abbiamo le gioie della vita finita in grado infinito. Entrambi i tipi di figli nascono, l'uno secondo la carne, l'altro secondo lo spirito. "Ciò che è nato dalla carne è carne; e ciò che è nato dallo Spirito è spirito" (Giovanni 3,6). L'essere nati dalla carne ci incorpora nella vita di Adamo; nascere dallo Spirito – dalle acque dello Spirito Santo – ci incorpora nella Vita di Cristo. I figli di Dio sono nati due volte; i figli degli uomini una volta nati. C'è più differenza tra due anime su questa terra, una in stato di grazia e l'altra non in quello stato, di quanta ce ne sia tra due anime, una in stato di grazia in questa vita e l'altra che gode dell'eterna beatitudine del Cielo. La ragione è che la grazia è il germe della gloria, e un giorno fiorirà in gloria proprio come la ghianda un giorno diventerà la quercia. Ma l'anima che non possiede la grazia non ha in sé tali potenze. "Carissimi", dice San Giovanni, "ora siamo figli di Dio, e non è ancora apparso ciò che saremo. Noi sappiamo che, quando egli apparirà, noi saremo simili a lui, perché lo vedremo così com'egli è" (1 Giovanni 3:2).

I diversi effetti della natura e della grazia

Tommaso da Kempis

L'imitazione di Cristo, Libro III, Capitolo 54

"Figlio, osserva diligentemente i moti della natura e della grazia; perché si muovono in direzioni molto opposte, e molto sottilmente, e difficilmente possono essere distinti se non da un uomo spirituale, e internamente illuminato.

"Tutti gli uomini, infatti, mirano al bene, e pretendono qualcosa di buono in ciò che fanno e dicono: perciò, sotto l'apparenza del bene, molti vengono ingannati.

"*La natura* è astuta e ne attira molti; li intrappola, li inganna e si propone sempre per il suo fine:

36

"Ma *la grazia* cammina con semplicità, si allontana da ogni apparenza di male, non offre inganni e fa ogni cosa puramente per Dio, nel quale riposa come nel suo ultimo fine.

"*La natura* non vuole essere mortificata, o trattenuta, o essere vinta, o essere soggetta; né sarà di sua spontanea volontà sottomessa:

"Ma la *grazia* studia la mortificazione di se stessa, resiste alla sensualità, cerca di essere sottomessa, brama di essere vinta, non mira a seguire la propria libertà, ama essere tenuta sotto disciplina e non desidera avere il comando su nessuno; ma sotto Dio per vivere, stare in piedi ed essere sempre; e per amore di Dio è sempre pronta a inchinarsi umilmente sotto tutte le creature umane.

"*La natura* lavora per il proprio interesse e pensa quale guadagno può trarre dagli altri:

Ma *la grazia* non considera ciò che può essere vantaggioso e vantaggioso per se stessa, ma piuttosto ciò che può essere vantaggioso per molti.

"*La natura* riceve volentieri onore e rispetto:

"Ma *la grazia* attribuisce fedelmente a Dio ogni onore e gloria.

"*La natura* ha paura di essere svergognata e disprezzata:

"Ma *la grazia* è lieta di subire l'obbrobrio per il nome di Gesù.

"*La natura* ama l'ozio e il riposo corporale:

"Ma *la grazia* non può essere oziosa e abbraccia volentieri il lavoro.

"*La natura* cerca di avere cose curiose e belle, e non si preoccupa di cose che sono economiche e grossolane:

"Ma *la grazia* si compiace di ciò che è semplice e umile, non rigetta le cose grossolane, né rifiuta di essere vestita con abiti vecchi.

"*La natura* ha riguardo per le cose temporali, si rallegra del guadagno terreno, è turbata per le perdite e si irrita per ogni parola lieve e ingiuriosa.

"Ma la *grazia* attende alle cose eterne e non si attacca a quelle che passano con il tempo; Né è turbata per la perdita delle cose, né esasperata da parole dure, perché pone il suo tesoro e la sua gioia in cielo, dove nulla è perduto.

"*La natura* è avida, ed è più disposta a prendere che a dare, e ama avere le cose per sé.

"Ma *la grazia* è generosa e di cuore aperto, evita l'egoismo, si accontenta di poco e la giudica più felice di dare che di ricevere.

"*La natura* tende alle creature, alla propria carne, alle vanità e all'ovattamento:

"Ma la *grazia* attira a Dio e alla virtù, rinuncia alle creature, vola per il mondo, odia i desideri della carne, trattiene il vagabondaggio, si vergogna di apparire in pubblico.

"*La natura* riceve volentieri un conforto esteriore, di cui può essere sensibilmente deliziata:

"Ma *la grazia* cerca di essere consolata solo in Dio e, al di là di tutte le cose visibili, di rallegrarsi del Sommo Bene.

"*La natura* fa tutto per il proprio guadagno e interesse; non può fare nulla gratuitamente, ma spera di ottenere qualcosa di uguale o migliore, o di lode o di favore per le sue buone azioni, e brama che le sue azioni e i suoi doni siano molto apprezzati:

"Ma *la grazia* non cerca nulla di temporale, né esige altra ricompensa se non Dio solo per la sua ricompensa, né desidera nulla di più del necessario di questa vita che possa essere utile per ottenere un'eternità felice.

"*La natura* si rallegra di una moltitudine di amici e parenti; si glorifica della nobiltà della sua stirpe e della sua discendenza; adula quelli che sono al potere, lusinga i ricchi e applaude quelli che sono come lei:

"Ma *la grazia* ama anche i suoi nemici, e non si gonfia di avere molti amici, né ha alcun valore per la famiglia o per la nascita, a meno che, unita a una virtù più grande, non favorisca piuttosto i poveri che i ricchi; ha più compassione per gli innocenti che per i potenti; si rallegra con chi ama la verità, e non con gli ingannevoli; esorta sempre i buoni ad essere zelanti per i doni migliori e a diventare simili al Figlio di Dio mediante l'esercizio delle virtù.

"*La natura* si lamenta facilmente del bisogno e dei guai:

"Ma la *grazia* sopporta la povertà con costanza.

"*La natura* volge tutte le cose a se stessa, e per se stessa, lavora e disputa:

"Ma *la grazia* riferisce tutte le cose a Dio, dal quale tutte procedono originariamente; Non si attribuisce alcun bene, né si arroganza con arroganza: non contende, né preferisce la propria opinione agli altri, ma in ogni senso e comprensione si sottopone all'eterna sapienza e all'esame divino.

"*La natura* brama di conoscere i segreti e di ascoltare notizie; è disposto a comparire all'estero e ad avere esperienza di molte cose con i sensi; desidera essere notato e fare cose che possano procurare lode e ammirazione:

"Ma la *grazia* non si preoccupa di udire notizie e cose curiose, perché tutto ciò scaturisce dalla vecchia corruzione, poiché nulla è nuovo o duraturo sulla terra.

"Insegna, quindi, a frenare i sensi, a evitare il vano compiacimento e l'ostentazione, a nascondere umilmente quelle cose che sono degne di lode e di ammirazione, e da tutto, e in ogni conoscenza, a cercare il frutto del profitto spirituale, la lode e l'onore di Dio.

"Non desidera che se stessa sia esaltata per ciò che le appartiene; ma desidera che sia benedetto Dio nei suoi doni, che elargisce tutto con il semplice amore.

"Questa grazia è una luce soprannaturale, e un certo dono speciale di Dio, e il marchio proprio degli eletti, e il pegno della salvezza eterna, che eleva un uomo dalle cose della terra all'amore delle cose celesti, e, se carnale, lo rende spirituale.

"Pertanto, quanto più la natura è tenuta a bada e soggiogata, tanto più grande abbondanza è infusa la grazia, e l'uomo interiore, con nuove visite, è ogni giorno più riformato secondo l'immagine di Dio".

TERZA MEDITAZIONE

COME QUELLA VITA DIVINA È ANDATA PERDUTA E LA NOSTRA FINE FINALE

Il peccato è l'uccisione della vita di Cristo nella nostra anima. La nostra coscienza è l'aula di tribunale di Pilato. Ogni giorno e ogni ora ci vengono portati davanti Barabba e Cristo. Barabba viene come vizio, omicidio, bestemmia – Cristo viene come virtù, amore e purezza. Chi dei due sarà rilasciato?

Se moriamo in stato di peccato, saremo giudicati come peccatori. Che cos'è il giudizio? Il giudizio può essere considerato sia dal punto di vista di Dio che dal nostro punto di vista.

Dal punto di vista di Dio, il Giudizio è un riconoscimento. Due anime appaiono davanti alla vista di Dio in quella frazione di secondo dopo la morte. Si è in stato di grazia; l'altro no. Il Giudice guarda nell'anima in stato di grazia. Egli vi vede una somiglianza con la Sua natura, perché la grazia è una partecipazione alla Natura Divina. Proprio come una madre conosce suo figlio a causa della somiglianza della natura, così

43

anche Dio conosce i suoi figli attraverso la somiglianza della natura. Se sono nati da Lui, Lui lo sa. Vedendo in quell'anima la Sua somiglianza, il Sovrano Giudice, Nostro Signore e Salvatore Gesù Cristo dice in effetti: "Venite, benedetti dal Padre mio. Vi ho insegnato a pregare: 'Padre nostro'. Io sono il Figlio naturale; Tu, il figlio adottivo. Venite nel Regno che ho preparato per voi da tutta l'eternità".

L'altra anima, che non possiede i tratti familiari e le sembianze della Trinità, incontra un'accoglienza completamente diversa da quella del Giudice. Come una madre sa che il figlio del suo prossimo non è suo, perché non c'è partecipazione nella natura, così anche Gesù Cristo, vedendo nell'anima peccatrice alcuna partecipazione della Sua natura, può solo dire quelle parole che significano non riconoscimento: "Io non ti conosco"; ed è una cosa terribile non essere conosciuti da Dio!

Questo è il Giudizio dal punto di vista divino. Dal punto di vista umano, è anche un riconoscimento, ma un riconoscimento di inidoneità o idoneità. Un visitatore molto distinto viene annunciato alla porta, ma io sono nei miei abiti da lavoro, le mie mani e il mio viso sono sporchi. Non sono in condizione di presentarmi davanti a un personaggio così augusto, e mi rifiuto di vederlo finché non potrò migliorare il

44

mio aspetto. Un'anima macchiata di peccato agisce in modo molto simile quando si presenta davanti al tribunale di Dio. Vede, da un lato, la Sua Maestà, la Sua Purezza, il Suo Splendore, e dall'altro la sua stessa bassezza, la sua peccaminosità e la sua indegnità. Non supplica o discute, non perora un caso – vede; e dal profondo esce il suo giudizio: "Oh, Signore, non ne sono degno". L'anima macchiata di peccati veniali si getta in purgatorio per lavare le sue vesti battesimali, ma l'anima irrimediabilmente macchiata – l'anima morta alla Vita Divina – si getta nell'Inferno con la stessa naturalezza con cui cade a terra una pietra che si stacca dalla mia mano.

Ma esiste un Inferno? Il mondo moderno non ci crede più. È vero che molti dei nostri profeti odierni negano l'Inferno, e questo ci fa chiedere il motivo della negazione. Il motivo è probabilmente psicologico. Ci sono due possibili orientamenti per un uomo. O deve adattare la sua vita ai dogmi, o deve adattare i dogmi alla sua vita. "Se non viviamo come pensiamo, cominciamo presto a pensare come viviamo". Se la nostra vita non è regolata in conformità con il Vangelo, allora il pensiero dell'Inferno è un tipo di pensiero molto scomodo. Per tranquillizzare la mia coscienza, devo negarlo. Devo adattare un dogma al mio modo di vivere. E questo è confermato dall'esperienza. Alcuni credono nell'Inferno, lo temono, lo odiano ed evitano il peccato. Altri amano il peccato, negano l'Inferno, ma lo temono sempre.

Ma ammesso che questa sia la ragione del suo rifiuto, questi stessi profeti chiederanno: come fai a sapere che c'è un Inferno? Molto chiaramente, perché Gesù Cristo ha detto che c'era. O c'è un Inferno, o la Verità Infinita è un bugiardo. Non posso accettare la seconda proposta, quindi devo accettare la prima.

Il Paradiso e l'Inferno non sono semplici ripensamenti nel vero Piano Divino. Dio, con un secondo atto della Sua Volontà e Onnipotenza, non ha creato il Paradiso e l'Inferno per premiare e punire coloro che obbediscono o disobbediscono alla Sua Legge Divina. Non sono decreti arbitrari; Semplici cose per rattoppare un piano originario turbato dal peccato. Nessuna legge può esistere senza sanzioni. Se non ci fosse l'Inferno nell'attuale ordine di salvezza, quale sarebbe la conseguenza? Significherebbe che qualunque male abbiamo fatto, e indipendentemente da quanto tempo lo abbiamo fatto, e dall'odio con cui lo abbiamo fatto, Dio sarebbe stato per tutto il tempo indifferente ai nostri atti morali, il che sarebbe un altro modo per dire che la Legge è indifferente all'illegalità.

Tutte le nostre idee sbagliate riguardo al Paradiso e all'Inferno sono fondate sulla nostra incapacità di vedere come esse siano necessariamente legate alle nostre azioni nell'ordine morale. Ci sono molti che considerano il Cielo solo come una ricompensa arbitraria per una buona vita, una sorta di segno di apprezzamento per la nostra vittoria, come una coppa d'argento che viene assegnata al vincitore di una corsa. Questa non è tutta la verità. Il cielo non è legato a una buona vita cristiana nello stesso modo in cui una coppa d'argento è legata alla vittoria di una corsa, perché la coppa d'argento può o non può seguire la vittoria; Non è qualcosa di indissolubilmente legato ad esso, potrebbe essere dato qualcos'altro o forse niente. Piuttosto, il Cielo è legato a una vita cristiana come l'apprendimento è legato allo studio; Ecco perché i teologi chiamano la grazia il "seme della gloria". Se studio, acquisisco la conoscenza con questo stesso atto; Le due cose sono inseparabili, l'una è la fruizione dell'altra. E a questo proposito è bene ricordare che il Cielo, nell'attuale costituzione del mondo di Dio, non è semplicemente una ricompensa, è in un certo senso un "diritto", il diritto degli eredi, perché noi siamo eredi del Regno dei Cieli in virtù del dono dell'Adozione Divina alla filiazione di Dio da parte di un Padre Celeste.

Anche l'inferno è spesso spiegato troppo esclusivamente in termini di arbitrarietà. Essa viene fatta apparire come una sorta di punizione del tutto estranea a una vita di peccato e all'abbandono del dono di Dio. L'inferno non è legato a una vita malvagia come una sculacciata è legata a un atto di disobbedienza, perché una tale punizione non deve necessariamente seguire l'atto. Piuttosto, l'inferno è legato a una vita malvagia esattamente nello stesso modo in cui la cecità è legata allo strappo di un occhio. Se perdo l'occhio, sono necessariamente cieco, e se mi ribello a Dio, rifiuto il Suo perdono e muoio nel peccato, devo soffrire l'Inferno come conseguenza. C'è equità nella legge umana e c'è equità nella legge divina. Un peccato implica in primo luogo un allontanamento da Dio, in secondo luogo, un volgersi verso le creature. A causa del primo elemento, il peccatore soffre il Dolore della Perdita o la privazione della Visione Beatifica. A causa del volgersi verso le creature, il peccatore soffre il Dolore dei Sensi, che è una punizione da parte delle cose create per l'abuso delle cose create, e questo è comunemente indicato come "fuoco dell'inferno". La differenza tra il Dolore della Perdita e il Dolore dei Sensi consiste nel fatto che il primo è causato dall'assenza di qualcosa, il secondo dalla presenza di qualcosa. Dei due dolori, il primo è il più terribile, perché è l'ultima e incessante frustrazione del desiderio di un essere immortale; è il mancato raggiungimento dello scopo della vita; è l'aver fallito così completamente da non ammettere mai un altro inizio; è volere Dio e tuttavia odiare se stessi per volerlo; è un chiedere di non ricevere mai, un cercare di non trovare mai, bussare a una porta eternamente chiusa; è, soprattutto, un vuoto creato dall'assenza della Vita, della Verità e dell'Amore che l'anima anela eternamente. Con quanta impazienza le anime anelano alla vita; Con quanta tenacia si aggrappano anche a una pagliuzza per salvarsi dall'annegamento! Quanto desiderano prolungare la vita fino all'eternità! Che cosa deve essere allora perdere non una lunga vita umana, ma la stessa Vita di tutti i Viventi! È una specie di morte vivente, come il risveglio in un sepolcro. Anche la verità è il desiderio delle anime. La conoscenza è una passione, e la privazione umana di essa è dolore, come ci viene così forzatamente fatto capire quando siamo privati della conoscenza di un segreto a cui altri partecipano. Che cosa deve essere allora essere privati non di una verità terrena, forse non di qualcosa che potremmo imparare in seguito, ma della Verità al di fuori della quale non c'è affatto verità, né conoscenza, né saggezza? Sarebbe peggio della vita terrena senza sole o luna, una specie di oscurità cavernosa in cui ci si muove sapendo che si avrebbe potuto conoscere la luce della verità ma non l'abbiamo fatto. Infine, come sarebbe noiosa la vita terrena senza l'affetto o l'amore dei genitori, dei fratelli, delle sorelle e degli amici! Come sarebbe pesante il nostro cuore se ogni altro cuore si trasformasse in pietra! Che cosa deve essere allora essere privati dell'Amore, senza il quale non c'è amore? Significa avere il proprio cuore rubato ed essere ancora in grado di vivere senza di esso.

Il Paradiso e l'Inferno sono i risultati naturali e inseparabili di atti buoni e cattivi nell'ordine soprannaturale. Questa vita è la primavera; Il giudizio è il raccolto. "Poiché le cose che l'uomo seminerà, pure mieterà. Poiché chi semina nella sua carne, dalla carne mieterà anche corruzione. Ma chi semina nello spirito mieterà la vita eterna".

Perché le anime vanno all'inferno? In ultima analisi, le anime vanno all'Inferno per una grande ragione, e cioè che si rifiutano di amare. L'amore perdona tutto tranne una cosa: il rifiuto di amare. Un giovane ama una fanciulla. Fa conoscere il suo affetto verso di lei, la ricopre di doni, le concede più della parte ordinaria delle cortesie della vita, ma il suo amore è respinto. Mantenendolo puro, lo insegue, ma tutto invano; Fa orecchie da mercante al suo corteggiamento. L'amore, così a lungo negato e messo da parte, raggiunge improvvisamente un punto in cui griderà: "Va bene, l'amore non può fare di più, io sono finito; abbiamo finito". Ha raggiunto il punto di abbandono.

Dio è l'Amante Divino. Come il Segugio del Cielo, Egli è continuamente alla ricerca di anime. Molto tempo fa, nell'eternità dell'eternità, ci ha amati di un Amore Eterno. Quando inizia il tempo per un'anima individuale, Egli le dona le ricchezze della natura, la chiama ad essere un figlio adottivo, la nutre delle Sue stesse sostanze e la rende erede del Cielo. Ma quell'anima può presto dimenticare tale bontà, eppure Dio non dimentica di amare. Egli insegue l'anima, manda in profondità il malcontento in essa per riportarla a Lui, taglia di proposito il suo cammino per manifestare la Sua presenza, le manda i Suoi ambasciatori, la elargisce di grazie medicinali; eppure, l'Amore Divino viene disprezzato. Alla fine, respinto più di settanta volte sette, l'Amore Divino abbandona la ricerca di un'anima simile che si allontana da Lui alla fine della sua vita e grida: "È compiuta. L'amore non può fare di più". Ed è una cosa terribile non essere amati, e soprattutto non essere amati dall'Amore. Questo è l'inferno. L'inferno è un luogo dove non c'è amore.

Considerando la propria morte

Tommaso da Kempis

L'imitazione di Cristo, Libro 1, Capitolo 23

"Molto rapidamente, la tua vita qui finirà; Considera quindi cosa potrebbe esserci in serbo per te altrove.

"Un uomo è qui oggi, e domani è scomparso. E quando viene tolto dalla vista, è rapidamente anche fuori di testa.

«Oh! l'ottusità e la durezza del cuore dell'uomo, che pensa solo a ciò che è presente e non guarda avanti alle cose a venire.

"Perciò, in ogni azione e in ogni pensiero, agisci come se dovessi morire oggi stesso. Se aveste una buona coscienza, non temereste molto la morte.

"Sarebbe meglio per te evitare il peccato piuttosto che aver paura della morte.

"Se non sei preparato oggi, come sarai preparato domani?

"Domani è un giorno incerto; E come fai a sapere che sarai vivo domani?

"Che vantaggio c'è a vivere a lungo, quando avanziamo così poco?

"Ah! La lunga vita non sempre ci rende migliori, ma spesso aumenta il nostro senso di colpa.

"Volesse Dio che ci fossimo comportati bene in questo mondo, anche per un solo giorno!

"Molti contano gli anni della loro conversione, ma spesso il frutto dell'emendamento è piccolo". Se è spaventoso morire, forse sarà più pericoloso vivere più a lungo.

"Beato colui che ha sempre davanti agli occhi l'ora della sua morte e ogni giorno si dispone a morire.

"Se hai mai visto morire un uomo, ricordati che anche tu devi passare per la stessa strada". Al mattino, immagina di non vivere fino a notte; e quando viene la sera, non avere la presunzione di prometterti il mattino seguente.

"Sii sempre pronto e vivi in modo tale che la morte non ti trovi mai senza provviste.

"Molti muoiono all'improvviso, e quando non ci pensano affatto, *perché il Figlio dell'uomo verrà nell'ora in cui non sarà più cercato* " (Matteo 24:44). Quando arriverà quell'ultima ora, allora comincerai ad avere ben altri pensieri di tutta la tua vita passata; e sarai estremamente addolorato di essere stato così negligente e negligente.

"Quanto è felice e prudente colui che si sforza di essere tale ora in questa vita, come desidera essere trovato alla sua morte.

"Perché darà all'uomo una grande fiducia di morire felicemente se ha un perfetto disprezzo del mondo, un fervente desiderio di progredire nella virtù, un amore per la disciplina, lo spirito di penitenza, una pronta obbedienza, l'abnegazione e la pazienza nel sopportare tutte le avversità per amore di Cristo.

"Si possono fare molte cose buone quando si è in buona salute; ma quando sarai malato, non so che cosa potrai fare.

"Pochi sono migliorati dalla malattia; Anche coloro che viaggiano molto all'estero raramente diventano santi.

"Non confidare nei tuoi amici e parenti, e non rimandare la cura della tua anima a più tardi; perché a chi importa quando te ne sarai andato?

"Ora è meglio provvedere in tempo e mandare un po' di bene davanti a te piuttosto che confidare che altri ti aiutino dopo la tua morte.

"Se non ti preoccupi del tuo benessere ora, chi si preoccuperà quando te ne sarai andato?

"Il tempo presente è molto prezioso. *Ecco, ora è il tempo accettevole, ecco, ora è il giorno della salvezza* (2 Corinzi 6:2).

"Ma c'è da deplorare grandemente che non trascorriate questo tempo in modo più proficuo, dove potreste acquistare la vita eterna in un modo migliore! Verrà il tempo in cui desidererete un giorno o un'ora per emendarsi, e non so se lo otterrete.

"O mio caro diletto, da quanto grande pericolo puoi liberarti; Da quanto grande paura tu possa essere liberato, se solo ora sarai sempre pauroso e in cerca della morte!

"Sforzati ora di vivere in modo che nell'ora della tua morte preferirai rallegrarti che temere.

"Impara ora a disprezzare ogni cosa, affinché allora comincerai a vivere con Cristo. Impara ora a morire al mondo, affinché allora tu possa andare liberamente a Cristo.

"Castiga ora il tuo corpo con la penitenza, affinché tu possa allora avere una sicura fiducia". Ah, sciocco! Perché pensi di vivere a lungo, quando non sei sicuro di un giorno?

"Quanti, pensando di vivere a lungo, sono stati ingannati e inaspettatamente sono stati portati via.

"Quante volte avete sentito dire che un tale fu ucciso di spada; un altro annegò; un altro, cadendo dall'alto, si ruppe il collo; quest'uomo è morto a tavola; che l'altro è venuto alla sua fine mentre lui stava giocando?

"Alcuni sono periti per il fuoco; alcuni con la spada; alcuni per pestilenza; e alcuni dai ladri.

"Così, la morte è la fine di tutto, e la vita dell'uomo passa improvvisamente come un'ombra.

"Chi si ricorderà di te quando sarai morto e chi pregherà per te?

"Fai ora, amato, fai ora tutto ciò che puoi, perché non sai quando morirai, né quale sarà il destino dopo la morte.

"Raccogli per te stesso le ricchezze dell'immortalità finché hai tempo; non pensare ad altro che alla tua salvezza; Non curarsi di nient'altro che delle cose di Dio.

"Fatevi degli amici ora, onorando i santi di Dio, imitando le loro azioni, affinché, quando lascerete questa vita, essi vi accoglieranno nelle dimore eterne.

"Tieniti come un pellegrino e uno straniero sulla terra, a cui gli affari di questo mondo non appartengono affatto.

"Mantenete il vostro cuore libero ed elevato a Dio, perché non avete qui una dimora permanente.

"A Lui rivolgi le tue preghiere quotidiane, con sospiri e lacrime; perché, dopo la morte, il tuo spirito sia degno di passare felicemente al nostro Signore. Amen".

QUARTA MEDITAZIONE
IL DOVERE DELL'ABNEGAZIONE

L'abnegazione di un tipo o dell'altro è coinvolta, come è evidente, nella nozione stessa di rinnovamento e di santa obbedienza. Cambiare i nostri cuori significa imparare ad amare le cose che non amiamo naturalmente, disimparare l'amore di questo mondo; Ma questo comporta, ovviamente, un contrasto ai nostri desideri e gusti naturali. Essere giusti e obbedienti implica l'autocontrollo, ma per possedere il potere, dobbiamo averlo ottenuto; né possiamo ottenerlo senza una lotta vigorosa, una guerra perseverante contro noi stessi. L'idea stessa di essere religiosi implica l'abnegazione perché, per natura, non amiamo la religione".

"... È nostro dovere, non solo rinnegare noi stessi in ciò che è peccaminoso, ma anche in una certa misura, nelle cose lecite, mantenere un freno su noi stessi anche nei piaceri e nelle godite innocenti".

"... Il digiuno è chiaramente un dovere cristiano, come implica il nostro Salvatore nel Suo Sermone della Montagna.

Ora, che cos'è il digiuno se non l'astenersi da ciò che è lecito? non solo da ciò che è peccaminoso, ma da ciò che è innocente? – Da quel pane che possiamo legittimamente prendere e mangiare con rendimento di grazie, ma che in certi momenti non prendiamo, per rinnegare noi stessi. Come l'abnegazione cristiana – non solo una mortificazione di ciò che è peccaminoso, ma un'astinenza anche dalle benedizioni di Dio.

"Di nuovo, considerate la seguente dichiarazione del nostro Salvatore: Egli ci dice per la prima volta: 'Quanto stretta è la porta e chiusa la via che conduce alla vita! E pochi sono quelli che la trovano' (Matteo 7:14). E ancora: 'Sforzatevi di entrare per la porta stretta; perché molti, io vi dico, cercheranno di entrare e non potranno' (Luca 13:24). Poi ci spiega in che cosa consiste questa particolare difficoltà della vita di un cristiano: 'Se uno viene a me e non odia suo padre, sua madre, sua moglie, i suoi figli, i suoi fratelli e le sue sorelle, sì, e anche la sua stessa vita, non può essere mio discepolo' (Luca 14:26). Ora, qualunque cosa si intenda precisamente con questo (che non mi fermerò qui a indagare), è così evidente che nostro Signore ordina una certa astensione, non solo dal peccato, ma dalle comodità e dai piaceri innocenti di questa vita, o dalla rinuncia a se stessi nelle cose lecite.

"Di nuovo, Egli dice: 'Se qualcuno vuol venire dietro a me, rinneghi se stesso, prenda la sua croce ogni giorno e mi segua' (Luca 9:23). Qui ci mostra con il suo esempio che cos'è l'abnegazione cristiana. Significa prendere su di noi una croce secondo il Suo modello, non un semplice astenersi dal peccato, perché Egli non aveva peccato, ma rinunciare a ciò che potremmo legittimamente usare. Questo fu il carattere peculiare con cui Cristo venne sulla terra. È stata questa spontanea ed esuberante abnegazione che lo ha abbattuto. Colui che era uno con Dio, ha preso su di Sé la nostra natura e ha sofferto la morte – e perché? per salvare noi che Egli non aveva bisogno di salvare. Così, rinnegò Se stesso e prese la Sua croce. Questo è proprio l'aspetto in cui Dio, come rivelato nella Scrittura, si distingue da quell'esibizione della Sua gloria, che la natura ci dà: potenza, sapienza, amore, misericordia, longanimità - questi attributi, sebbene mostrati molto più pienamente e chiaramente nella Scrittura che nella natura, sono ancora nella loro misura visibili sul volto della creazione visibile; ma l'abnegazione, se così si può dire, questo attributo incomprensibile della Divina Provvidenza, ci viene rivelato solo nella Scrittura. 'Dio infatti ha tanto amato il mondo, che ha dato il suo Unigenito Figlio' (Giovanni 3:16). Qui c'è l'abnegazione. E il Figlio di Dio vi ha tanto amati che 'da ricco si è fatto povero per voi' (2 Corinzi 8:9). Ecco l'abnegazione del nostro Salvatore. 'Non si è compiaciuto'".

"Questa è l'abnegazione cristiana, e ci incombe per molte ragioni. Il cristiano nega se stesso nelle cose lecite perché è consapevole della propria debolezza e responsabilità verso il peccato; non osa camminare sull'orlo di un precipizio; Invece di andare all'estremo di ciò che è permesso, si tiene lontano dal male, per poter essere al sicuro. Si astiene per non essere temperante, digiuna per non mangiare e bere con gli ubriachi. Come è evidente, molte cose sono in se stesse giuste e ineccepibili che sono inutili nel caso di una creatura debole e peccatrice; il suo caso è come quello di una persona malata; Molti tipi di cibo, buoni per un uomo in salute, sono dannosi quando è malato - il vino è veleno per un uomo in preda a una febbre feroce. E proprio così, molte azioni, pensieri e sentimenti, che sarebbero stati permessi in Adamo prima della sua caduta, sono pregiudizievoli o pericolosi nell'uomo caduto. Ad esempio, la rabbia non è peccaminosa in sé. San Paolo lo sottintende, quando dice: 'Adiratevi e non peccate' (Efesini 4:26). E si dice che il nostro Salvatore in un'occasione si sia adirato e che fosse senza peccato. Anche l'Iddio Onnipotente è adirato con i malvagi. L'ira, quindi, non è di per sé un sentimento peccaminoso; ma nell'uomo, costituito com'è, è così altamente pericoloso indulgervi, che l'abnegazione qui è un dovere di mera prudenza. È quasi impossibile per un uomo essere arrabbiato solo nella misura in cui dovrebbe; supererà il limite giusto; La sua rabbia degenererà in orgoglio, scontro, malizia, crudeltà, vendetta e odio. Infiammerà la sua anima malata e la avvelenerà. Perciò deve astenersi da esso, come se fosse di per sé un peccato (sebbene non lo sia), poiché è praticamente tale per lui".

"Se godiamo di buona salute e ci troviamo in condizioni agiate, guardiamoci dall'alterigia, dall'autosufficienza, dalla presunzione, dall'arroganza, dalla delicatezza di vita, dalle indulgenze, dai lussi, dalle comodità. Nulla è così suscettibile di corrompere i nostri cuori e di sedurci da Dio, come circondarci di comodità, di fare le cose a modo nostro, di essere il centro di una sorta di mondo, sia di cose animate che inanimate, che ci servono. Perché allora, a nostra volta, dipenderemo da loro; diventeranno necessari per noi; Il loro stesso servizio e la loro adulazione ci porteranno ad affidarci a loro e a idolatrarli. Quali esempi ci sono nella Scrittura di uomini morbidi e lussuosi! Fu forse Abramo prima della Legge, che vagò per i suoi giorni, senza casa? o Mosè, che diede la Legge e morì nel deserto? o Davide sotto la Legge, che 'non aveva sguardi orgogliosi' ed era 'come un bambino svezzato'? o i Profeti, negli ultimi giorni della Legge, che vagavano in pelli di pecora e di capra? o il Battista, quando il Vangelo lo sostituiva, che era vestito di una veste di pelo di cammello e mangiava il cibo del deserto? o gli Apostoli che erano 'la spazzatura di ogni cosa'? o il nostro benedetto Salvatore, che "non aveva un posto dove posare il capo"? Chi sono gli uomini morbidi e lussuosi nelle Scritture? C'era il ricco, che 'se la cavava sontuosamente ogni giorno', e poi 'alzò gli occhi nell'inferno, trovandosi nei tormenti'. C'era quell'altro, la cui "terra produceva abbondantemente" e che diceva: "Anima, hai molti beni accumulati per molti anni"; e quella notte gli fu richiesta l'anima sua. C'era Dema, che abbandonò San Paolo, "avendo amato questo mondo presente"! E ahimè! C'era quel re altamente favorito, quel re divinamente ispirato, il ricco e saggio Salomone, al quale non valse nulla misurare la terra e contare i suoi abitanti, quando nella sua vecchiaia 'amò molte donne straniere' e adorò i loro dèi".

"Non c'è bisogno che cerchiate di tracciare una linea precisa tra ciò che è peccaminoso e ciò che è solo permesso: guardate a Cristo e negate a voi stessi tutto, qualunque sia il suo carattere, che pensate che Egli vorrebbe che abbandonaste. Non c'è bisogno di calcolare e misurare se si ama molto: non c'è bisogno di confondersi con punti di curiosità se si ha il cuore di avventurarsi dietro a Lui. È vero che a volte si presenteranno difficoltà, ma raramente si presenteranno. Ti ordina di prendere la tua croce; Perciò, accetta le opportunità quotidiane che si presentano di cedere agli altri, quando non è necessario cedere, e di fare servizi spiacevoli, che potresti evitare. Egli esorta coloro che vogliono essere più alti, a vivere come i più bassi: quindi, allontanatevi dai pensieri ambiziosi e (per quanto religiosamente potete) prendete risoluzioni contro l'assunzione della vostra autorità e del vostro dominio. Ti ordina di vendere e di fare l'elemosina; Pertanto, odia spendere soldi per te stesso. Chiudi gli occhi alla lode, quando si fa rumorosa: fissa il tuo volto come una pietra focaia, quando il mondo si fa beffe, e sorridi alle sue minacce. Impara a dominare il tuo cuore, quando sta per esplodere in veemenza, o prolungare un dolore sterile, o dissolversi in una tenerezza inopportuna. Trattieni la lingua e distogli lo sguardo, per non cadere in tentazione. Evitate l'aria pericolosa che vi rilassa e preparatevi sulle alture. Alzati in preghiera 'molto prima del giorno' e cerca il vero, il tuo unico Sposo, 'di notte sul tuo letto'. Così l'abnegazione diventerà naturale per te, e un cambiamento avverrà su di te, dolcemente e impercettibilmente; e, come Giacobbe, giacerai nella desolazione, e presto vedrai degli angeli, e ti si aprirà la via del cielo".

Sul giudizio e la punizione dei peccatori

Tommaso da Kempis

L'imitazione di Cristo, Libro 1, Capitolo 24

"In ogni cosa guarda alla fine, e come potrai stare davanti a un giudice severo, al quale nulla è nascosto, che non accetta regali, né accetta scuse, ma giudicherà ciò che è giusto.

"O miserabile e stolto peccatore, che cosa risponderai a Dio, che conosce tutti i tuoi peccati; Tu che a volte hai paura degli sguardi di un uomo arrabbiato?

"Perché non provvedi a te stesso per il giorno del giudizio, quando nessuno potrà essere scusato o difeso da un altro, ma ognuno avrà abbastanza da fare per rispondere di se stesso?

"Al presente, il tuo lavoro è redditizio, le tue lacrime sono accettabili, i tuoi sospiri saranno uditi e il tuo dolore sarà soddisfacente e potrà purificare i tuoi peccati.

"Un uomo paziente ha un purgatorio grande e salutare, che, ricevendo ingiurie, si preoccupa più del peccato altrui che del proprio torto; che prega volentieri per i suoi avversari e perdona di cuore le offese; che tarda a non chiedere perdono agli altri; chi è più facile mosso alla compassione che all'ira; che usa frequentemente violenza su se stesso e si sforza di sottomettere completamente la carne allo spirito.

"Ora è meglio purificare i nostri peccati e sradicare i vizi piuttosto che riservarli per essere eliminati in seguito.

"In verità, inganniamo noi stessi con l'amore smodato che portiamo alla nostra carne.

"Di quali altre cose si nutrirà quel fuoco se non dei vostri peccati?

"Più ti risparmi ora e segui la carne, più soffrirai dolorosamente nell'aldilà, e più combustibile metterai da parte per quel fuoco.

"In quali cose l'uomo ha peccato di più, in quelle sarà punito più severamente?

"Lì, il pigro sarà punzecchiato in avanti con pungoli ardenti, e il ghiottone sarà tormentato da fame e sete estreme.

"Là i lussuosi e gli amanti del piacere saranno coperti dappertutto di pece ardente e zolfo puzzolente; e gli invidiosi, come cani impazziti, ululeranno di dolore.

"Non c'è vizio che non abbia il suo giusto tormento.

"Lì, i superbi saranno riempiti da ogni confusione, e gli avidi saranno raddrizzati con la più miserabile miseria.

"Lì un'ora di sofferenza sarà più acuta di cento anni trascorsi qui nella più rigida penitenza.

"Non c'è riposo, non c'è conforto per i dannati; ma qui a volte c'è un intervallo di lavoro, e riceviamo conforto dai nostri amici.

"Siate prudenti per il presente e rattristati per i vostri peccati, affinché nel giorno del giudizio siate al sicuro con i beati.

"Poiché allora i giusti staranno con grande costanza contro quelli che li affliggono e li opprimono (Sap. 5:1).

"Allora si alzerà per giudicare colui che ora si sottomette umilmente al giudizio degli uomini.

"Allora i poveri e gli umili avranno grande fiducia, e i superbi avranno paura da ogni parte".

"Impara fin d'ora a soffrire piccole cose, affinché allora tu possa essere liberato da sofferenze più gravi.

"Prova prima qui ciò che non potrai soffrire in seguito.

"Se ora puoi sopportare così poco, come sarai in grado di sopportare i tormenti eterni?

"Se un po' di sofferenza ora ti rende così impaziente, cosa farà l'inferno di fuoco in seguito?

"Certo, non puoi avere il tuo piacere in questo mondo e poi regnare con Cristo.

Sull'essere decisi a emendare tutta la nostra vita

Tommaso da Kempis

L'imitazione di Cristo, Libro 1, Capitolo 25

"Se fino ad oggi tu avessi sempre vissuto negli onori e nei piaceri, a che ti gioverebbe se ora fossi in un momento per morire?

"Tutto dunque è vanità se non amare Dio e servire Lui solo!

"Poiché chi ama Dio con tutto il cuore non teme né la morte, né il castigo, né il giudizio, né l'inferno; perché l'amore perfetto dà un accesso sicuro a Dio.

"Ma chi si compiace ancora del peccato, non c'è da meravigliarsi se ha paura della morte e del giudizio". È bene, tuttavia, che se l'amore non ti reclama ancora dal male, almeno la paura dell'inferno ti trattiene.

"Ma chi depone da parte il timore di Dio non potrà rimanere a lungo nel bene, ma cadrà presto nelle insidie del diavolo".

"Confida nel Signore e fa' il bene, dice il profeta, e abita il paese, e sarai nutrito delle sue ricchezze" (Salmo 36:3).

"C'è una cosa che trattiene molti dal progresso spirituale e dal fervente emendamento della vita, ed è l'apprensione delle difficoltà o della fatica che si deve affrontare nel conflitto.

"E in verità progrediscono più di tutti gli altri nella virtù, coloro che si sforzano virilmente di superare quelle cose che trovano più fastidiose o contrarie a loro.

"Perché là l'uomo progredisce di più e merita una grazia più grande, dove vince di più se stesso e si mortifica nello spirito.

"Ma non tutti gli uomini devono vincere e mortificare allo stesso modo.

"Eppure colui che è diligente e zelante, anche se ha più passioni contro cui combattere, sarà in grado di fare un progresso maggiore di un altro che ha meno passioni, ma è meno fervente nella ricerca della virtù.

"Due cose in particolare portano a un grande emendamento: queste sono, ritirarsi con la forza da ciò a cui la natura è viziosamente incline, e lavorare seriamente per quel bene che si desidera di più".

QUINTA MEDITAZIONE

DARE GLORIA A DIO NEL MONDO

San Giovanni Henry Newman

Sermoni parrocchiali e semplici, vol. 8, sermone 11

"Quando le persone sono convinte che la vita è breve, che non è all'altezza di qualsiasi grande scopo, che non si manifesta adeguatamente, o non porta alla perfezione il vero cristiano, quando sentono che la prossima vita è tutto in tutti e che l'eternità è l'unico soggetto che può veramente rivendicare o può riempire i loro pensieri, allora sono inclini a sottovalutare del tutto questa vita e a dimenticarne la vera importanza. Essi sono inclini a desiderare di trascorrere il tempo del loro soggiorno qui in una netta separazione dai doveri attivi e sociali: tuttavia bisogna ricordare che le occupazioni di questo mondo, sebbene non siano esse stesse celesti, sono, dopo tutto, la via per il cielo - sebbene non il frutto, siano il seme dell'immortalità - e sono preziose, anche se non in se stessi, ma per ciò a cui conducono: ma è difficile rendersene conto. È difficile realizzare entrambe le verità contemporaneamente e collegare entrambe le verità insieme; a contemplare costantemente la vita a venire, ma ad agire in essa. Coloro che meditano tendono a trascurare quei doveri attivi che, di fatto, incombono su di loro, e a soffermarsi sul pensiero della gloria di Dio, fino a dimenticare di agire per la Sua gloria. Questo stato d'animo è rappresentato in figura dalle parole dei Santi Angeli agli Apostoli, quando dicono: "Uomini di Galilea, perché state a guardare il cielo?" (Atti 1:11)

"In vari modi il pensiero dell'altro mondo porta gli uomini a trascurare il loro dovere in questo; E ogni volta che lo fa, possiamo essere certi che c'è qualcosa di sbagliato e di non cristiano, non nel loro modo di pensare l'altro mondo, ma nel loro modo di pensarlo. Infatti, sebbene la contemplazione della gloria di Dio possa in certi tempi e persone interferire con le occupazioni attive della vita, come nel caso degli Apostoli quando il nostro Salvatore ascese, e sebbene tale contemplazione ci sia anche liberamente permessa o comandata in certi momenti di ogni giorno, tuttavia questa non è una vera e propria meditazione su Cristo, ma qualche contraffazione, che ci fa sognare il nostro tempo, o diventare abitualmente indolenti, o che ci sottrae ai nostri doveri esistenti, o ci sconvolge".

"Sto parlando del caso in cui è dovere di una persona rimanere nella sua vocazione mondana, e quando rimane in essa, ma quando nutre insoddisfazione per essa: mentre ciò che dovrebbe sentire è questo: che mentre è in essa deve glorificare Dio, non per essa, ma in essa, e per mezzo di essa, secondo le istruzioni dell'Apostolo, 'non pigro nello zelo; siate ferventi nello spirito, servendo il Signore' (Romani 12:11). Il Signore Gesù Cristo, nostro Salvatore, è servito al meglio, e con lo spirito più fervente, quando gli uomini non sono pigri negli affari, ma fanno il loro dovere in quello stato di vita in cui è piaciuto a Dio di chiamarli".

"... Per quanto sia brutto essere languidi e indifferenti ai nostri doveri secolari e tenere conto di questa religione, tuttavia è molto peggio essere schiavi di questo mondo e avere il cuore nelle preoccupazioni di questo mondo... Intendo quello spirito ambizioso, per usare una grande parola, ma non conosco altra parola che esprima il mio significato, quella bassa ambizione che spinge tutti a cercare di avere successo e di elevarsi nella vita, di accumulare denaro, di guadagnare potere, di deprimere i suoi rivali, di trionfare sui suoi superiori fino ad allora, di influenzare una conseguenza e una gentilezza che prima non aveva, fingere di avere un'opinione su argomenti elevati, di pretendere di formarsi un giudizio sulle cose sacre, di scegliere la sua religione, di approvare e condannare secondo il suo gusto, di diventare un partigiano in misure estensive per il presunto beneficio temporale della comunità, di indulgere alla visione di grandi cose che devono venire, Grandi miglioramenti, grandi meraviglie: tutte le cose immense, tutte le cose nuove: questo spirito terribilmente terreno e strisciante è probabile, ahimè! per estendersi sempre di più tra i nostri connazionali – una ricerca intensa, insonne, irrequieta, mai stanca, mai soddisfatta di Mammona in una forma o nell'altra, escludendo tutti i pensieri profondi, tutti santi, tutti calmi, tutti riverenti. Questo è lo spirito con cui, più o meno (secondo i loro diversi temperamenti), gli uomini si impegnano comunemente nelle preoccupazioni di questo mondo; e lo ripeto, meglio, molto meglio, se si ritirasse completamente dal mondo piuttosto che impegnarsi in questo modo - meglio con Elia volare nel deserto, piuttosto che servire Baal e Astoret a Gerusalemme".

Ma certamente è possibile 'servire il Signore', ma non essere pigri negli affari; non troppo dediti ad esso, ma non per ritirarsi da esso. Possiamo fare ogni cosa, qualunque cosa stiamo per fare, alla gloria di Dio; possiamo fare *ogni cosa di cuore*, come verso il Signore e non verso l'uomo, essendo attivi e meditativi; e ora permettetemi di fare alcuni esempi per mostrare ciò che intendo.

"'Fate tutto per la gloria di Dio', dice San Paolo, nel testo; anzi, se mangiate o beviate' (1 Corinzi 10:31); così che sembra che nulla sia troppo leggero o banale per gloriarLo. Supponiamo quindi di prendere il caso menzionato poc'anzi; Supponiamo un uomo che ultimamente ha avuto pensieri più seri di prima e decide di vivere più religiosamente. In conseguenza della svolta che la sua mente ha preso, prova un disgusto per la sua occupazione mondana, sia che si tratti di commercio, sia che si tratti di qualsiasi occupazione meccanica che permetta poco esercizio della mente. Ora sente che preferirebbe dedicarsi a qualche altra attività, anche se di per sé la sua attuale occupazione è del tutto lecita e gradita a Dio. L'uomo mal istruito si spazientirà subito e la abbandonerà; o se non lo abbandona, almeno sarà negligente e indolente in esso. Ma il vero penitente dirà a se stesso: 'No; Se si tratta di un lavoro fastidioso, tanto più mi si addice. Non merito di meglio. Non merito di essere nutrito nemmeno con le bucce. Sono obbligato ad affliggere la mia anima per i peccati passati. Se andassi vestito di sacco e cenere, se vivessi di pane e acqua, se lavassi i piedi ai poveri ogni giorno, non sarebbe un'umiliazione troppo grande; e l'unica ragione per cui non lo faccio, è che non ho alcun richiamo in quel modo, sembrerebbe ostentato. Lietamente, quindi, acclamerò un inconveniente che mi metterà alla prova senza che nessuno lo sappia. Lungi dal lamentarmi, per grazia di Dio andrò allegramente su ciò che non mi piace. Negherò me stesso. So che con il Suo aiuto, ciò che è in sé doloroso sarà quindi piacevole come fatto verso di Lui. So bene che non c'è dolore che non possa essere sopportato comodamente, dal pensiero di Lui, e dalla Sua grazia, e dalla forte determinazione della volontà; anzi, nessuno che non mi possa calmare e consolare. Anche il gusto e l'odore naturali possono essere fatti apprezzare ciò che naturalmente non gli piace; Anche la medicina amara, che è nauseante per il palato, può da un risoluto diventerà tollerabile. Anzi, anche le sofferenze e le torture, come quelle sopportate dai martiri, sono state finora gioite e abbracciate di cuore dall'amore per Cristo. Io, dunque, peccatore, prenderò questo leggero inconveniente in modo generoso, compiaciuto dell'opportunità di disciplinarmi, e con umiliazione di me stesso, come se avessi bisogno di una severa penitenza. Se ci sono parti della mia occupazione che non mi piacciono particolarmente, se richiede molto movimento e desidero stare a casa, o se è sedentaria e desidero essere in movimento, o se richiede di alzarsi presto, e mi piace alzarmi tardi, o se mi rende solitario, e mi piace stare con gli amici, tutta questa parte spiacevole, per quanto è compatibile con la mia salute, e affinché non sia probabile che sia un laccio per me, sceglierò di preferenza. Ancora una volta, vedo che le mie opinioni religiose sono un ostacolo per me. Vedo che le persone sono sospettose di me. Vedo che offendo le persone con la mia scrupolosità. Mi rendo conto che per andare avanti nella vita ci vuole molta più devozione ai miei affari mondani di quanta ne possa dare coerentemente con il mio dovere verso Dio, o senza che diventi una tentazione per me. So che non dovrei, e (a Dio piacendo) non lo farò, sacrificare la mia religione ad essa. Le mie stagioni e le mie ore religiose saranno mie. Non tollererò nessuno dei rapporti e delle pratiche mondane, i modi eccessivi, le azioni sordide in cui gli altri indulgono. E se vengo rigettato in vita per questo, se guadagno meno o perdo amici, e così vengo disprezzato, e trovo altri sorgere nel mondo mentre io rimango dov'ero, per quanto questo sia difficile da sopportare, è un'umiliazione che diventa me in compenso per i miei peccati e in obbedienza a Dio; ed è molto leggero, solo per essere privato dei successi mondani, o piuttosto è un guadagno. E questo potrebbe essere il modo in cui Dio Onnipotente aprirà un'apertura per me, se è la Sua benedetta volontà, per lasciare la mia attuale occupazione. Ma lasciarlo senza una chiamata da parte di Dio, non devo certo farlo. Al contrario, vi lavorerò, tanto più diligentemente per quanto me lo permettono i doveri più elevati". "

"La gratitudine a Dio Onnipotente, anzi, e la vita interiore dello Spirito stesso saranno ulteriori principi che indurranno il cristiano a lavorare diligentemente nella sua chiamata. Vedrà Dio in tutte le cose. Egli ricorderà la vita del nostro Salvatore. Cristo è stato educato a un mestiere umile. Quando lavorerà nel suo, penserà al suo Signore e Maestro nel suo. Ricorderà che Cristo scese a Nazaret e fu sottomesso ai suoi genitori, che camminò per lunghi viaggi, che sopportò il calore del sole e la tempesta, e non aveva dove posare il capo. Di nuovo, egli sa che gli Apostoli avevano varie occupazioni in questo mondo prima della loro chiamata; Sant'Andrea e San Pietro pescatori, San Matteo esattore delle tasse e San Paolo, anche dopo la sua chiamata, ancora fabbricante di tende. Di conseguenza, in qualunque cosa gli capiti, egli si sforzerà di discernere e di contemplare (per così dire) il volto del suo Salvatore. Sentirà che la vera contemplazione di quel Salvatore risiede nei suoi affari mondani; che come Cristo si vede nei poveri, nei perseguitati e nei bambini, così si vede nelle occupazioni che pone ai Suoi eletti, qualunque esse siano; che nell'attendere alla sua chiamata incontrerà Cristo; che se la trascura, non per questo godrà più della sua presenza, ma che, mentre la compie, vedrà Cristo rivelato alla sua anima in mezzo alle azioni ordinarie della giornata, come per mezzo di una sorta di sacramento. Così, prenderà i suoi affari mondani come un dono da Lui e li amerà come tali".

"Inoltre, userà i suoi affari mondani come mezzo per tenerlo lontano da pensieri vani e inutili. Una delle cause del male che il cuore escogita è che gli viene dato il tempo di farlo. L'uomo che ha i suoi doveri quotidiani, che dedica il suo tempo per essi ora per ora, è risparmiato da una moltitudine di peccati che non hanno il tempo di impadronirsi di lui. Il rimuginare sugli insulti ricevuti, o il desiderio di qualche bene non concesso, o il rammarico per le perdite che ci sono capitate, o per la perdita di amici a causa della morte, o gli attacchi di pensieri impuri e vergognosi, tutto questo è tenuto lontano da colui che si preoccupa di essere diligente e ben impiegato. L'ozio è l'occasione di tutti i mali. L'ozio è il primo passo nel sentiero discendente, che conduce all'inferno. Se non troviamo un lavoro con cui impegnare la nostra mente, Satana sarà sicuro di trovare il suo lavoro per loro. Qui vediamo le differenze di motivo con cui un uomo religioso e un uomo di mentalità mondana possono fare la stessa cosa. Supponiamo che una persona abbia avuto qualche triste afflizione, diciamo un lutto: gli uomini di questo mondo, che non hanno alcun piacere nella religione, che non amano soffermarsi su una perdita per loro irreparabile, per affogare la riflessione, si dedicano a occupazioni mondane per distogliere i loro pensieri e bandire la tristezza. Il cristiano nelle stesse circostanze fa la stessa cosa, ma è per paura di rilassarsi e indebolire la sua mente con un dolore sterile; dal timore di diventare scontento; dalla convinzione di piacere a Dio e di essere in grado di assicurare la sua pace più pienamente, non perdendo tempo; dal sentimento che, lungi dal dimenticare coloro che ha perduto agendo in questo modo, godrà solo del loro pensiero tanto più realmente e più religiosamente.

"Infine, vediamo quale giudizio dare in una questione a volte agitata, se ci si debba ritirare dai nostri affari mondani alla fine della vita, per dare i nostri pensieri più interamente a Dio. Desiderare di farlo è così naturale che suppongo che non ci sia nessuno che non lo desidererebbe. A molte persone non è concesso il privilegio, a molte persone è concesso a causa di crescenti infermità o di estrema vecchiaia; ma immagino che tutti, se fosse permesso di scegliere, penserebbero che sia un privilegio averlo concesso, anche se molti troverebbero difficile determinare quando sia il momento opportuno. Ma consideriamo qual è la ragione di questo desiderio così naturale. Temo che spesso non sia un augurio religioso, spesso solo parzialmente religioso. Temo che un gran numero di persone che si divertono a ritirarsi dagli affari del mondo, lo fanno con l'idea di divertirsi un po' alla maniera del ricco del Vangelo, che disse: 'Anima, hai accumulato molte cose buone per molti anni' (Luca 12:19). Se questo è lo scopo predominante di qualcuno, naturalmente, non c'è bisogno che dica che sia un peccato fatale, perché Cristo stesso lo ha detto.

Ci sono altri che sono mossi da un sentimento misto; sono consapevoli di non dedicare alla religione tanto tempo quanto dovrebbero; non vivono secondo le regole; anzi, non sono soddisfatti della correttezza o della rettitudine di alcune delle pratiche o dei costumi che il loro modo di vivere richiede da loro, e si stancano degli affari attivi man mano che la vita va avanti, e desiderano sentirsi a proprio agio. Così guardano ai loro ultimi anni come a un periodo di pensionamento, in cui possono divertirsi e prepararsi per il cielo. E così, soddisfano sia la loro coscienza che il loro amore per il mondo. Al momento la religione è fastidiosa per loro; ma poi, come sperano, il dovere e il piacere andranno insieme. Ora, mettendo da parte tutti gli altri errori che un tale stato d'animo mette in evidenza, si osservi che se al momento non stanno servendo Dio con tutto il loro cuore, ma attendono con ansia il momento in cui lo faranno, allora è chiaro che quando alla fine metteranno da parte le preoccupazioni mondane e si volgeranno a Dio, se mai lo faranno, quel momento deve necessariamente essere un tempo di profonda umiliazione, se deve essere accettabile per Lui, non un comodo ritiro. Chi ha sentito parlare di un pentimento piacevole, facile, gioioso? È una contraddizione in termini. Questi uomini, se solo ci riflettono un momento, devono confessare che il loro attuale modo di vivere, supponendo che non sia così rigido come dovrebbe essere, è quello di accumulare lacrime e gemiti per i loro ultimi anni, non di godimento. Più a lungo vivono come fanno attualmente, non solo più è improbabile che si pentano del tutto; Ma anche se lo fanno, più amaro, più doloroso deve essere il loro pentimento. L'unico modo per sfuggire alla sofferenza per il peccato nell'aldilà è soffrire per esso qui. Dolore qui o miseria nell'aldilà; Non possono sfuggire all'uno o all'altro.

"Né per alcuna ragione mondana, dunque, né per motivo presuntuoso o incredulo, il cristiano desidera l'ozio e la pensione per i suoi ultimi anni. Anzi, sarà contento di fare con queste benedizioni, e il cristiano più alto di tutti è colui il cui cuore è così ristretto in Dio, che non lo desidera né ne ha bisogno; il cui cuore è così rivolto alle cose di lassù, che le cose di quaggiù lo eccitano, lo agitano, lo sconvolgono, lo angosciano e lo seducono, come arrestano il corso della natura, come fermano il sole e la luna, o cambiano l'estate e l'inverno. Tali furono gli Apostoli che, come corpi celesti, andarono a "tutte le nazioni" pieni di affari, eppure pieni anche di dolce armonia, fino ai confini della terra. La loro chiamata era celeste, ma il loro lavoro era terreno; furono in travaglio e problemi fino all'ultimo; eppure considerate con quanta calma San Paolo e San Pietro scrivono nei loro ultimi giorni. A San Giovanni, d'altra parte, fu permesso in gran parte di ritirarsi dalle cure del suo incarico pastorale, e questo, dico, sarà il desiderio naturale di ogni uomo religioso, sia che il suo ministero sia spirituale o secolare; ma, non per cominciare a fissare la sua mente su Dio, ma semplicemente perché, sebbene possa contemplare Dio con la stessa verità ed essere santo di cuore negli affari attivi come in quiete, tuttavia è più conveniente e conveniente affrontare il colpo della morte (se ci è permesso) in silenzio, collettivamente, solennemente, piuttosto che in una folla e in un tumulto. Ed è per questo, tra le altre ragioni, che preghiamo nelle Litanie di essere liberati "dalla morte improvvisa".

"Nel complesso, quindi, ciò che ho detto si riduce a questo, che mentre Adamo fu condannato ai lavori come punizione, Cristo con la sua venuta lo ha santificato come mezzo di grazia e sacrificio di ringraziamento, un sacrificio da offrire allegramente al Padre nel Suo nome".

"Possa Dio darci grazia nelle nostre diverse sfere e stazioni per fare la Sua volontà e adornare la Sua dottrina; affinché, sia che mangiamo e beviamo, sia che digiuniamo e preghiamo, che ci affatichiamo con le nostre mani o con la nostra mente, che camminiamo o rimaniamo in riposo, possiamo glorificare Colui che ci ha acquistati con il suo sangue!"

Preghiera per le tempeste della vita

(Da La Raccolta)

"Vedi, o Signore, come da ogni parte i venti si scatenano su di noi, e il mare si agita per il violento trambusto delle onde. Ti supplichiamo, tu che sei l'unico capace a comandare i venti e le onde. Restituisci all'umanità quella vera pace che il mondo non può dare, la pace che viene dal buon ordine. Fa' che gli uomini, spinti dalla tua grazia, ritornino a una condotta di vita retta e ordinata, praticando di nuovo, come dovrebbero, l'amore verso Dio, la giustizia e la carità nei rapporti con il prossimo, la temperanza e la padronanza di sé nella propria vita. Possa venire il tuo regno, e possano coloro che ora cercano invano e faticosamente la verità e la salvezza, lontani da Te, comprendere che devono vivere come tuoi servi in sottomissione a Te. Le tue leggi mostrano la tua giustizia e la tua paterna gentilezza, e per permetterci di osservarle, tu provvedi liberamente con la tua grazia ai mezzi pronti. La vita dell'uomo sulla terra è una guerra, ma "Tu stesso vedi la lotta, aiuti l'uomo a vincere, lo sollevi quando cade e lo incorona quando è vittorioso". "

Una preghiera affinché si compia la volontà di Dio

Tommaso da Kempis

L'imitazione di Cristo, Libro 3, Capitolo 15

"Concedimi la tua grazia, Gesù misericordiosissimo, perché sia con me e rimanga con me fino alla fine.

"Concedimi sempre di volere e desiderare ciò che è più accettabile per te e che ti piace di più.

"Lascia che la tua volontà sia la mia, e lascia che la mia volontà segua sempre la tua, e sia perfettamente d'accordo con essa.

"Lascia che io voglia sempre o non voglia lo stesso con te: e non permettere che io possa volere o non volere diversamente da come tu vuoi o non vuoi.

"Concedi che io possa morire a tutte le cose che sono nel mondo; e per amor tuo, ama essere disprezzato e non essere conosciuto in questo mondo.

"Fa' che io riposi in te al di sopra di tutte le cose desiderate e che il mio cuore sia in pace in te.

"Tu sei la vera pace del cuore; Tu sei il suo unico riposo: al di fuori di te, tutte le cose sono dure e inquiete.

"In questa pace, nello stesso che è in te, l'unico sovrano, eterno Dio, io dormirò e mi riposerò. Amen (Salmo 4:9)."

Non dobbiamo confidare negli uomini, ma solo in Dio

"Loda il Signore, anima mia, nella mia vita loderò il Signore, canterò al mio Dio finché sarò.

"Non confidate nei principi, nei figli degli uomini, nei quali non c'è salvezza.

"Il suo spirito se ne andrà ed egli ritornerà sulla sua terra; in quel giorno tutti i loro pensieri periranno.

"Benedetto colui che ha per aiuto l'Iddio di Giacobbe, la cui speranza è nell'Eterno, nel suo Dio, che ha fatto il cielo e la terra, il mare e tutte le cose che sono in essi.

"Egli osserva la verità in eterno, Egli esegue il giudizio per quelli che subiscono torto, Egli dà da mangiare all'affamato.

"L'Eterno scioglie quelli che sono incatenati, l'Eterno illumina i ciechi.

"Il Signore innalza quelli che sono abbattuti, il Signore ama i giusti.

"L'Eterno custodisce gli stranieri, sostiene l'orfano e la vedova, e distrugge le vie dei peccatori.

"L'Eterno regnerà per sempre, o Sion, il tuo Dio, di generazione in generazione" (Salmo 145).

SESTA MEDITAZIONE

L'EUCARISTIA, IL BISOGNO
DEL NOSTRO CUORE

Da San Pier Giuliano Eymard,

(La presenza reale)

Perché Gesù Cristo nell'Eucaristia? "Potremmo dare diverse risposte a questa domanda. Ma ciò che li comprende tutti è questo: Lui è lì perché ci ama, e perché desidera che noi lo amiamo. L'amore: ecco la ragione dell'istituzione dell'Eucaristia.

"Senza l'Eucaristia, l'amore di Gesù Cristo sarebbe per noi un amore morto, un amore passato, che dovremmo presto dimenticare, e che dovremmo quasi perdonare nel dimenticare. L'amore ha le sue leggi, le sue esigenze. Solo l'Eucaristia li soddisfa pienamente. Per mezzo di essa, Gesù Cristo ha tutto il diritto di essere amato, perché testimonia nel suo infinito amore per noi.

"Ora, l'amore naturale, come Dio ha messo nei nostri cuori, esige tre cose: la presenza della persona amata, o la vita sociale; comunione dei beni; e unione perfetta.

"L'assenza è il dolore dell'amicizia, il suo tormento. La distanza si indebolisce e, se è troppo prolungata, finisce per mettere a morte l'amicizia più solida.

"Se il nostro Signore è lontano da noi, lontano da noi, il nostro amore per Lui subirà l'effetto dissolvente dell'assenza. È nella natura dell'amore dell'uomo esigere, per vivere, la presenza dell'oggetto amato.

"Ecco i poveri apostoli mentre Nostro Signore era nel sepolcro. I discepoli di Emmaus dichiararono di aver quasi perso la fede perché non avevano più il loro buon Maestro.

"Ah! Se il nostro Signore non ci avesse lasciato con altro pegno del Suo Amore che Betlemme e il Calvario – povero Salvatore! Quanto presto avremmo dovuto dimenticarLo! Che indifferenza! "L'amore desidera vedere, ascoltare, conversare, toccare.

"Nulla prende il posto della persona amata, né i souvenir, né i regali, né i ritratti. Tutto ciò è senza vita.

"Nostro Signore lo sapeva bene. Nulla avrebbe potuto prendere il posto della Sua Persona. Abbiamo bisogno di Nostro Signore stesso.

"Ma la Sua Parola? No, non suona più. Non sentiamo più gli accenti commoventi che uscivano dalle labbra del Salvatore.

"Il suo Vangelo? È una testimonianza.

"Ma i Suoi Sacramenti, non danno forse la vita? Ah! ci vuole l'Autore della Vita per sostenerla in noi!

"La Croce? No; a parte Gesù, rattrista solo!

"Ma la speranza? Senza Gesù, è un'agonia!

"... Gesù avrebbe potuto volerci ridurre in uno stato così triste di vita e di lotta senza di Lui?

"Oh, saremmo troppo infelici senza Gesù presente con noi! Esiliati, soli sulla terra, costretti a privarci dei beni terreni, delle consolazioni della vita, mentre il mondano ha tutto ciò che desidera, la vita sarebbe insopportabile!

"Ma con l'Eucaristia! Con Gesù in mezzo a noi... di giorno e di notte, accessibile a tutti, aspettando tutti nella sua casa sempre aperta, accogliendo gli umili, chiamandoli con marcata predilezione – ah! La vita è meno amara. Egli è il Padre buono in mezzo ai suoi figli. È la vita sociale con Gesù.

"E che società! La società che ci rende migliori, che ci eleva! E quali facilitazioni per le relazioni sociali con il cielo, con Gesù Cristo, se stesso, in persona!

"È, infatti, la dolce compagnia di un'amicizia semplice, amorevole, familiare e intima.

"Ah! Era necessario!

"L'amore desidera la comunione dei beni, il possesso comune. Desidera condividere la felicità e l'infelicità. Dare è la sua natura, il suo istinto, dare tutto con gioia, con piacere. "E così, Gesù Cristo nel Santissimo Sacramento dona con profusione, con prodigalità, i Suoi meriti, le Sue grazie, sì, proprio la Sua gloria! Oh, quanto è ansioso di dare! Non rifiuta mai.

"E si dona a tutti, e sempre.

"Egli copre il mondo di ostie consacrate. Egli desidera che tutti i Suoi figli Lo posseggano. Rimangono ancora dodici ceste dei cinque pani moltiplicati nel deserto. Tutti devono averne un po'!

"Gesù Cristo vorrebbe avvolgere il mondo nel suo velo sacramentale, fecondare tutte le nazioni nelle acque della vita che si stanno perdendo nell'oceano dell'eternità, ma solo dopo aver placato la sete e rafforzato gli ultimi degli eletti.

"Ah! è un bene per noi, per tutti noi, o Gesù Eucaristico!

"L'amore tende all'unione, l'unione di coloro che amano, la fusione di due in uno, di due cuori in un solo cuore, di due spiriti in uno, di due anime in uno.

"... Gesù si sottomise a questa legge d'amore, che Egli stesso aveva stabilito. Dopo aver condiviso il nostro stato, la nostra vita, Egli si dona nella Comunione; Egli ci assorbe in Sé.

"Divina unione delle anime, sempre più perfetta, sempre più intima in proporzione alla vivacità dei nostri desideri! *In me manet, et ego in eo.* – Lui in me, e io in Lui. Noi dimoriamo in Lui; Egli abita in noi. Noi non facciamo che una cosa sola con Lui, fino a quando il cielo non si compirà nell'unione eterna e gloriosa, l'unione ineffabile iniziata quaggiù per grazia e perfezionata dall'Eucaristia!

"L'amore vive, dunque, con Gesù presente nel Santissimo Sacramento. Condivide tutte le ricchezze di Gesù. È unita a Gesù.

"I bisogni del nostro cuore sono soddisfatti. Non può chiedere di più.

"Crediamo nell'amore di Dio per noi. – Parola di profondo significato!

"La fede nella verità delle parole e delle promesse divine è richiesta ad ogni cristiano. Questa è semplicemente fede. Ma la fede dell'amore è più alta e più perfetta. È la corona del primo.

"La fede nella verità sarebbe sterile se non conducesse alla fede nell'amore.

"Che cos'è quell'amore in cui dobbiamo credere?

"È l'amore di Gesù Cristo, l'amore che Lui ci testimonia nell'Eucaristia, l'amore che è Lui stesso, amore vivo e infinito". Beati coloro che credono nell'amore di Gesù Cristo nell'Eucaristia! Essi amano, perché credere è amare.

"Coloro che si accontentano di credere nella verità dell'Eucaristia non amano affatto o amano molto poco. Ma quali prove del Suo amore ha dato Nostro Signore nell'Eucaristia?

"In primo luogo, Nostro Signore ci ha dato la Sua parola in tal senso. Ci dice che ci ama, che ha istituito il suo Sacramento solo per amore nostro. Allora, è vero.

"Crediamo in un uomo d'onore sulla sua parola. Perché dovremmo riporre meno fede in quella di Nostro Signore?

"Quando un amico desidera dimostrare al suo amico che lo ama, glielo dice, e gli stringe affettuosamente la mano.

"Quando Nostro Signore vuole dimostrare il Suo amore per noi, lo fa di persona, scartando l'intervento di qualsiasi terza persona, sia angelica che umana. L'amore non subisce agenti intermedi.

"Rimane nella Santa Eucaristia per ripeterci incessantemente: 'Ti amo! Devi vedere che ti amo!'"

"Nostro Signore aveva tanta paura che alla fine lo avremmo dimenticato, che Egli prese dimora in mezzo a noi, fece la Sua dimora in mezzo a noi, mise il Suo servizio alla nostra portata in modo che non potessimo pensare a Lui senza ricordare il Suo amore. Donandosi così, sperava, forse, di non essere dimenticato dagli uomini.

"Chi riflette seriamente sull'Eucaristia, ma soprattutto chi vi partecipa, deve sentirsi convinto che Nostro Signore lo ama.

Sente di avere in Sé un Padre. Si sente amato come un bambino. Sente di avere il diritto di andare a Lui come a un Padre e di parlare liberamente con Lui. Quando è in chiesa, ai piedi del tabernacolo, è a casa con il Padre suo. Lo sente.

"Ah! Capisco perché i fedeli amano vivere vicino alle chiese, all'ombra della casa paterna.

"Così, Gesù Sacramentato ci dice che ci ama. Ce lo ripete interiormente e ce lo fa sentire. Crediamo nel Suo amore.

"Gesù ci ama personalmente, individualmente?" A questa domanda, c'è una sola risposta: apparteniamo alla famiglia cristiana? In una famiglia, il padre e la madre non amano forse ogni figlio con uguale amore? E se avessero qualche preferenza, non sarebbe per i più delicati o gli infermi?

"Nostro Signore ha per noi il sentimento, almeno, di un buon Padre.

"Perché gli rifiutiamo quel carattere?

"Ma ancor più, vedete come Nostro Signore esercita verso ciascuno di noi il Suo amore personale. Viene ogni mattina per vedere ciascuno dei suoi figli, in particolare, per fargli visita, parlargli e abbracciarlo. Anche se viene così spesso, la Sua visita è sempre così graziosa, amorevole come se fosse la prima. Non è invecchiato. Non si stanca mai di amarci e di donarsi a ciascuno di noi.

"Non si dona forse tutto e tutto a ciascuno? E se i comunicandi sono più numerosi delle ostie, non si divide forse per loro? Dà mai meno a qualcuno?

"Anche se la chiesa è piena di adoratori, ognuno di noi non può pregare Gesù, conversare con Lui? E non è egli esaudito, non gli viene risposto così favorevolmente, come se fosse solo in chiesa?

"Questo è l'amore personale di Gesù. Tutti lo ricevono integri e non fanno torto a nessuno. Come il sole diffonde la sua luce su tutti e su tutti, come l'oceano appartiene interamente a tutti i pesci, così Gesù appartiene a tutti noi. Egli è più grande di tutti. Egli è inesauribile.

"Un'altra prova innegabile dell'amore di Nostro Signore è la persistenza di questo amore nel Santissimo Sacramento.

"Quanto è commovente questo pensiero per l'anima che comprende! Innumerevoli messe vengono celebrate ogni giorno in tutto il mondo. Si succedono l'un l'altro quasi senza interruzione. E quante di queste Messe, in cui Gesù offre se stesso per noi, sono incustodite, quante senza assistenti?

Mentre, su questo nuovo Calvario, Gesù invoca misericordia, i peccatori oltraggiano Dio e il suo Cristo.

"Perché Nostro Signore rinnova così spesso i suoi sacrifici, dal momento che noi non ne traiamo profitto?

"Perché Egli rimane giorno e notte sui nostri altari, ai quali nessuno viene a ricevere le grazie che Egli offre a piene mani?

"Perché Egli ama, spera, aspetta! Se Gesù venisse sui nostri altari solo in certi giorni, temerebbe che qualche peccatore, spinto dal desiderio di tornare a Lui, venisse a cercarlo e, non trovandolo, se ne andasse senza aspettarlo. Perciò preferisce attendere lui stesso il peccatore, lunghi anni, piuttosto che farlo aspettare un istante, piuttosto che scoraggiarlo, magari, quando vuole fuggire dalla schiavitù del peccato.

"Oh, quanti pochi hanno anche solo la lontana idea dell'amore di Gesù nel Santissimo Sacramento! E, tuttavia, è vero! Oh, noi non abbiamo fede nell'amore di Gesù! Tratteremmo un amico, tratteremmo un uomo, come trattiamo il nostro Signore?"

L'anima devota dovrebbe desiderare con tutto il cuore l'unione con Cristo nel sacramento

Tommaso da Kempis

L'imitazione di Cristo, Libro 4, Capitolo 13

"Chi mi darà, o Signore, di trovarti solo, affinché io possa aprirti tutto il mio cuore e goderti come desidera l'anima mia; nessuno mi vede, né alcuna creatura mi interessa o mi colpisce affatto, ma Tu solo mi parli e io a te, come l'Amato è solito parlare al suo Amato, e un amico si diverte con il suo amico.

"Per questo prego, per questo desidero, per poter essere totalmente unito a te e per poter ritirare il mio cuore da tutte le cose create; e dalla Santa Comunione ... Possa sempre più imparare ad assaporare le cose celesti ed eterne.

"Ah! Signore Dio, quando sarò totalmente unito a te e assorbito da te, e completamente dimentico di me stesso? Tu in me e io in te; e così concedici ad entrambi di continuare in uno.

"In verità, tu sei il mio Amato, il più eletto tra le migliaia, nel quale la mia anima si compiace di dimorare tutti i giorni della mia vita.

"In verità, tu sei il mio Pacificatore, nel quale c'è la pace sovrana e il vero riposo; da cui traspare fatica, dolore e miseria senza fine.

"Tu sei, in verità, un Dio nascosto, e il tuo consiglio non è con i malvagi; Ma la tua conversazione è con gli umili e i semplici.

«Oh! quanto è dolce il tuo spirito, o Signore, che, per mostrare la tua dolcezza verso i tuoi figli, ti degni di nutrirli con il pane più delizioso che discenda dal cielo.

"Certo, non c'è nessun'altra nazione così grande, che abbia il suo Dio così vicino a sé, come tu, nostro Dio, sei presente ai tuoi fedeli; ai quali, per il loro conforto quotidiano e per l'elevazione dei loro cuori al cielo, ti dai per essere mangiato e gustato.

"Perché quale altra nazione è così onorata come il popolo cristiano?

"O quale creatura sotto il cielo è così amata come un'anima devota, nella quale Dio viene per nutrirla con la sua gloriosa carne? O grazia ineffabile! O meravigliosa condiscendenza!

"Oh, amore infinito! Singolarmente conferito all'uomo.

"Ma che cosa renderò al Signore per questa grazia e per una carità così straordinaria?

"Non c'è nulla che io possa dargli che gli piaccia di più che se abbandonassi completamente il mio cuore a Dio e lo unissi strettamente a lui.

"Allora tutto ciò che è in me si rallegrerà grandemente, quando la mia anima sarà perfettamente unita al mio Dio; allora mi dirà: Se tu sarai con me, io sarò con te; e io gli risponderò: Concedi, o Signore, di rimanere con me, e io sarò volentieri con te.

"Questo è tutto il mio desiderio: che il mio cuore sia unito a te".

SETTIMA MEDITAZIONE

LA NOSTRA BEATA MADRE

Certe forme moderne di cristianesimo parlano del Bambino, ma mai una parola sulla Madre del Bambino. Il Bambino di Betlemme non cadde dal cielo in un letto di paglia, ma venne in questo mondo attraverso i grandi portali della carne. I figli sono inseparabili dalle madri e le madri inseparabili dai figli. Proprio come non si può andare a una statua di una madre che tiene in braccio un bambino e tagliare via la madre, lasciando il bambino sospeso a mezz'aria, non si può nemmeno separare la Madre dal Bambino di Betlemme. Non è stato sospeso a mezz'aria nella storia, ma, come tutti gli altri bambini, è venuto al mondo per mezzo di sua Madre. Mentre adoriamo il Bambino, non dovremmo venerare Sua Madre, e mentre ci inginocchiamo davanti a Gesù, non dovremmo almeno stringere la mano di Maria per averci dato un tale Salvatore? C'è un grave pericolo che, per timore che, celebrando un Natale senza la Madre, possiamo presto raggiungere un punto in cui celebreremo il Natale senza il Bambino, e questi giorni sono ormai alle porte. E che assurdità è questa; perché, come non ci può mai essere un Natale senza un Cristo, così non ci può mai essere un Cristo senza una Maria. Spalancate il sipario del passato e, alla luce della Rivelazione, scoprite il ruolo e interpretate la parte che Maria svolge nel grande Dramma della Redenzione!

Dio Onnipotente non avvia mai una grande opera senza un'eccessiva preparazione. Le due più grandi opere di Dio sono la Creazione del primo uomo, Adamo, e l'Incarnazione del Figlio di Dio, il nuovo Adamo, Gesù Cristo. Ma nessuna di queste cose fu compiuta senza la caratteristica preparazione divina.

Dio non fece il capolavoro della creazione, che era l'uomo, fin dal primo giorno, ma lo differì fino a quando non ebbe lavorato per sei giorni nell'adornare l'universo. Da nessuna cosa materiale, ma solo per il fiat della sua volontà, l'Onnipotenza si mosse e disse al Nulla: "Sii"; Ed ecco che le sfere cadevano nelle loro orbite, passandosi l'una accanto all'altra in una splendida armonia, senza mai un intoppo o un arresto. Poi vennero gli esseri viventi: le erbe che portavano frutto come tributo inconscio al loro Creatore; gli alberi, con le loro braccia frondose, si stendevano tutto il giorno in preghiera; e i fiori, aprendo il calice dei loro profumi al loro Creatore. Con un lavoro che non era mai estenuante, Dio fece allora in modo che le creature sensibili vagassero qua e là, sia nei palazzi d'acqua degli abissi o su ali per volare nello spazio senza tracce, oppure che vagassero per i campi in cerca del loro pasto e della loro felicità naturale. Ma tutta questa bellezza, che ha ispirato il canto dei poeti e le tracce degli artisti, non era nella Mente Divina sufficientemente bella per la creatura che Dio avrebbe reso signore e padrone dell'universo. Avrebbe fatto un'altra cosa: avrebbe riservato come giardino scelto una piccola parte della Sua creazione, l'avrebbe abbellito con quattro fiumi che scorrevano attraverso terre ricche d'oro e di onice, avrebbe permesso di vagare in esso le bestie dei campi come domestici di quel giardino, per farne un paradiso della felicità e del piacere più intensi possibili per la terra. Quando finalmente quell'Eden fu reso bello, come solo Dio sa fare le cose belle, lanciò ulteriormente il capolavoro della Sua creazione, che fu il primo uomo, e in quel paradiso di delizie furono celebrate le prime nozze dell'umanità: l'unione di carne e carne del primo uomo e della prima donna, Adamo ed Eva.

Ora, se Dio si preparò così per la Sua prima grande opera, che fu l'uomo, creando il Paradiso della Creazione, era ancora più conveniente che, prima di mandare Suo Figlio a redimere il mondo, Egli preparasse per Lui un Paradiso dell'Incarnazione. E per molti lunghi secoli, lo ha preparato con i simboli e le profezie. Nel linguaggio dei tipi, Egli preparò le menti umane a comprendere ciò che questo nuovo Paradiso sarebbe stato. Il roveto ardente di Mosè, inondato della gloria di Dio e che conservava in mezzo alla sua fiamma la freschezza della sua verdura e il profumo dei suoi fiori, era il simbolo di un nuovo Paradiso, conservando nell'onore della sua maturità il profumo stesso della verginità. La verga di Aronne, fiorita nella solitudine del tempio, isolata dal mondo dal silenzio e dal ritiro, era simbolo di quel Paradiso che, in un luogo di ritiro e di isolamento dal mondo, avrebbe generato il fiore stesso del genere umano. L'Arca dell'Alleanza, dove erano conservate le tavole della legge, era un simbolo del nuovo Paradiso in cui la Legge nella Persona di Cristo avrebbe preso la sua stessa dimora.

Dio si preparò per quel Paradiso, non solo con i simboli, ma anche con le profezie. Anche in quel terribile giorno in cui un angelo con una spada fiammeggiante stazionava nel primo giardino della creazione, fu fatta una profezia secondo cui il serpente non avrebbe infine vinto, ma che una donna gli avrebbe schiacciato la testa. In seguito, Isaia e Geremia acclamarono quel santo Paradiso come uno che avrebbe circondato l'uomo.

Ma i profeti e i simboli erano una preparazione troppo lontana. Dio avrebbe lavorato ancora di più nel Suo Paradiso. Avrebbe fatto un Paradiso non invaso da erbacce e cardi, ma fiorito da ogni fiore di virtù; un Paradiso alle cui porte il peccato non aveva mai bussato, contro le cui porte l'infedeltà non avrebbe mai osato infuriarsi; un Paradiso da cui scorrerebbero non quattro fiumi attraverso terre ricche d'oro e di onice, ma quattro oceani di grazia fino ai quattro angoli del mondo; un Paradiso destinato a generare l'Albero della Vita, e, quindi, pieno di vita e di grazia stessa; un Paradiso in cui doveva essere tabernacolare la Purezza stessa, e quindi uno immacolatamente puro; un Paradiso così bello e sublime che il Padre Celeste non avrebbe dovuto arrossire mandandovi Suo Figlio. Quel Paradiso dei doni carnali dell'Incarnazione, in cui si dovevano celebrare le nozze non dell'uomo e della donna, ma dell'umanità e della divinità, è la Nostra Amata Maria, Madre del Nostro Signore e Salvatore, Gesù Cristo.

Perché il Paradiso dell'Incarnazione non dovrebbe essere immacolato e puro? Perché non dovrebbe essere immacolata e immacolata? Supponiamo solo che tu possa essere preesistito a tua madre, più o meno allo stesso modo in cui un artista preesiste al suo dipinto. Inoltre, supponiamo che tu abbia un potere infinito di fare a tua madre tutto ciò che ti piace, proprio come un grande artista come Raffaello ha il potere di realizzare i suoi ideali artistici. Supponiamo che tu abbia questo doppio potere, che tipo di madre avresti creato per te stessa? L'avreste resa di un tipo tale da farvi arrossire a causa delle sue azioni poco femminili e non materne? L'avreste in qualche modo macchiata e sporcata con l'egoismo che l'avrebbe resa poco attraente non solo per voi ma anche per il vostro prossimo? L'avreste fatta esteriormente e interiormente di un carattere tale da farvi vergognare di lei? O l'avreste fatta, per quanto riguarda la bellezza umana, la donna più bella del mondo; e per quanto riguarda la bellezza dell'anima, uno che irradi ogni virtù, ogni sorta di gentilezza e carità e bellezza; colei che con la purezza della sua vita, della sua mente e del suo cuore sarebbe stata un'ispirazione non solo per voi, ma anche per i vostri simili, così che tutti la guarderebbero come l'incarnazione stessa di ciò che c'è di meglio nella maternità? Ora, se voi, che siete un essere imperfetto e che non avete la concezione più delicata di tutto ciò che è bello nella vita, avreste desiderato la più bella delle madri, pensate che il nostro benedetto Signore, che non solo preesisteva a sua madre, ma che aveva un potere infinito di renderla proprio ciò che ha scelto, in virtù di tutta l'infinita delicatezza del Suo spirito, la renderebbe meno pura, amorevole e bella di quanto tu avresti reso tua madre? Se tu che odi l'egoismo e tu che odi la bruttezza l'avresti resa bella, non pensi che il Figlio di Dio, che odia il peccato, avrebbe reso la sua madre senza peccato, e colui che odia la bruttezza morale l'avrebbe resa di una bellezza immacolata?

Si noti come la Sacra Scrittura riveli prima implicitamente e poi esplicitamente come Maria sia la Madre dei cristiani. San Luca, nel raccontare la nascita di nostro Signore, dice che Maria ha dato alla luce il suo "primogenito". Alcuni critici hanno sostenuto che questo significava che la nostra Beata Madre aveva altri figli secondo la carne, anche se in realtà le Scritture indicano chiaramente che era vergine. L'affermazione "primogenito" può davvero significare che Maria doveva avere altri figli, non dalla carne ma dallo Spirito. Suggerisce che essa doveva avere una progenie spirituale, che avrebbe costituito il Corpo Mistico del suo Divin Figlio, proprio come Eva è chiamata la "madre di tutti i viventi" o la madre degli uomini nell'ordine naturale. Sara diede un solo figlio al padre dei credenti, Abramo, eppure è chiamata la madre di tutto Israele. C'è un chiaro suggerimento nelle parole "primogenita" che colei che generò corporalmente il Capo della Chiesa doveva anche generare spiritualmente i membri della Chiesa. Poiché il Capo e il Corpo sono inseparabili, è quindi vero dire che, quando Maria partorì Cristo nel suo grembo, portava praticamente tutto il Corpo Mistico. La madre terra che porta la vite porta anche i tralci.

Quando finalmente il Verbo si fa carne, ed Ella lo porta al tempio il quarantesimo giorno per la purificazione, il ruolo di Maria nella Redenzione diventa ancora più chiaro. Giuseppe era con lei quel giorno, ma l'anziano Simeone le parlò solo e le ricordò che era stata trafitta dalla spada del dolore. Simeone, pieno di spirito profetico, attendeva con ansia il giorno in cui questo Bambino, il nuovo Adamo, avrebbe espiato il peccato sulla Croce, come l'Uomo dei Dolori, e dove lei, come la nuova Eva, avrebbe cooperato a quella Redenzione come la Donna dei Dolori. Simeone le stava praticamente dicendo che l'Eden sarebbe diventato il Calvario, l'albero sarebbe stato la Croce e lei sarebbe stata la Madre del Redentore. Ma se lei è la Madre del Redentore, allora non è stata chiamata ad essere la Madre dei Redenti? E se Cristo fosse il suo primogenito, i Redenti non sarebbero forse i suoi altri nati, fratelli di Cristo e figli del Padre celeste?

Tutto questo divenne più chiaro quando nostro Signore iniziò a predicare. Un giorno, mentre stava spezzando il pane della verità alla moltitudine, qualcuno nella folla annunciò che la Sua Beata Madre Lo stava cercando. "Ma egli rispose e disse a colui che gli aveva detto: 'Chi è mia madre?' . . . E, stende la mano verso i suoi discepoli, disse: «Ecco mia madre e i miei fratelli! Poiché chiunque fa la volontà del Padre mio che è nei cieli, egli è per me fratello, sorella e madre'" (Matteo 12:48-50). Queste parole non significavano un rinnegamento della Sua Beata Madre, che Egli amava accanto al Suo Padre celeste; Piuttosto, intendevano dire che ci sono altri legami oltre a quelli della carne. Il mondo si stava preparando per il significato più pieno e profondo delle parole "primogenito".

Quel giorno arrivò il venerdì chiamato Buono e, su una collina, chiamato Calvario. Nostro Signore aveva già dato le Sue vesti ai Suoi carnefici. Più tardi, Egli avrebbe dato il Suo Corpo alla tomba e il Suo Spirito a Suo Padre. Ma Egli ha due doni preziosi che devono ancora essere conferiti: il Suo amato discepolo Giovanni e la Sua addolorata Madre, Maria. A chi avrebbe potuto dare tali doni se non l'uno all'altro? E così a Giovanni, come rappresentante dell'amata umanità redenta, Egli dice: "Ecco tua Madre". Poi, guardando Sua Madre, disse: "Non "Madre", ma "Donna", per ricordarle la sua relazione universale con la razza del Redentore: "Donna, ecco tuo figlio". "Ecco tuo figlio" – aveva già un solo Figlio; Era appeso all'albero dell'ignominia. Ora ne avrebbe avuto un altro, un figlio di Zebedeo. Giovanni, dunque, era il suo secondogenito!

Tutto diventa chiaro. Suo Figlio le disse che c'era un'altra Maternità oltre a quella della carne; ora si rende conto di quanto fosse letteralmente vero: Lei ha dato alla luce il suo primogenito a Betlemme, e il Suo nome è Gesù; ella partorisce il suo secondogenito sul Calvario. Maria era destinata ad avere altri figli oltre a Gesù, ma dovevano nascere non dalla sua carne, ma dal suo cuore. Madre di Cristo fu Lei sulla Croce. Il suo primogenito a Betlemme fu generato con gioia, ma la maledizione di Eva incombeva sulle sue fatiche sulla Croce, perché ora, come Eva, stava dando alla luce i suoi figli nel dolore. In quel momento Maria soffrì le doglie del parto spirituale per i milioni di anime che sarebbero state chiamate alla figliolanza adottiva del Padre, alla fraternità di Cristo e alla gioia di chiamare sua Madre. Il calice del suo dolore sulla Croce, come quello di suo Figlio, fu colmato fino all'orlo, e nessuno sa quanto abbia sofferto per diventare la nostra Madre spirituale o la Madre del Corpo Mistico del suo Divin Figlio. Sappiamo solo che i milioni di martiri di tutte le epoche cristiane considerano le loro pene insignificanti rispetto alle sue e si fanno scrupolo di non chiamarla la Regina dei Martiri.

Se il nostro Salvatore avesse potuto pensare a un mezzo migliore per ricondurci a Lui, ci avrebbe messi in mani diverse dalle sue.

Ci sono molte falsità raccontate sulla Chiesa Cattolica. Uno di questi è che i cattolici adorano Maria. Questo è assolutamente falso. Maria è una creatura, umana, non divina. I cattolici non adorano Maria. Sarebbe idolatria. Ma la venerano.

E a quei cristiani che hanno dimenticato Maria, possiamo chiedere se è giusto che dimentichino colei di cui si è ricordato sulla croce? Non porteranno amore per quella donna attraverso i portali della cui carne, come la Porta del Cielo, Egli venne sulla terra?

Uno dei motivi per cui così tanti cristiani hanno perso la fede nella Divinità di Cristo è perché hanno perso ogni affetto per colei sul cui corpo bianco, come una torre d'avorio, quel Bambino si arrampicò "per baciare sulle sue labbra una rosa mistica".

Non c'è un cristiano in tutto il mondo che riverisca Maria, che non riconosca che Gesù suo Figlio è in Verità il Figlio del Dio vivente. Il prudente Cristo sulla Croce conosceva il modo prudente di conservare la fede nella Sua Divinità, perché chi meglio di una Madre conosce suo figlio?

Il dono di Maria ha fatto qualcosa all'uomo, perché gli ha dato un amore ideale.

Non c'è quasi mai stata una madre nella storia del mondo che non abbia detto in un momento o nell'altro a suo figlio o a sua figlia: "Non fare mai nulla di cui tua madre si vergognerebbe".

Più nobile è l'amore, più nobile è il carattere; e quale amore più nobile potrebbe essere dato agli uomini della donna che il Salvatore del mondo ha scelto come propria Madre?

Perché il mondo ha confessato la sua incapacità di inculcare la virtù nei giovani? Molto semplicemente perché non ha correlato la morale a nessun amore più nobile dell'amor proprio. Le cose mantengono la loro proporzione e adempiono il loro ruolo solo quando sono integrate in un tutto più grande.

La maggior parte delle vite sono come porte senza cardini, o maniche senza cappotti, o archi senza violini; cioè, non correlato a insiemi o scopi che danno loro significato.

L'enfasi moderna sul sesso è il risultato dello strappo di una funzione da uno scopo, di una parte da un tutto. Non può mai essere maneggiato correttamente a meno che non sia integrato in un modello più grande e fatto per servirlo.

Questo è, in una certa misura, il ruolo che la Nostra Beata Madre svolge nella vita morale della nostra gioventù cattolica.

Lei è quell'amore ideale per il quale vengono sacrificati amori e impulsi minori e più bassi.

Il livello di ogni civiltà è il livello della sua femminilità. Ciò che sono, gli uomini saranno, perché l'amore va sempre incontro alle esigenze dell'oggetto amato. Dato una donna come la Madre di Nostro Signore come nostra Madre soprannaturale, abbiamo una delle più grandi ispirazioni per una vita più nobile che questo mondo abbia mai conosciuto.

Alla Madonna - Bella Signora vestita di blu

Bella signora vestita di blu

Insegnami a pregare!

Dio era solo il tuo piccolo ragazzo,

Dimmi cosa dire!

L'hai innalzato, a volte,

Delicatamente, in ginocchio?

Gli hai cantato lungo la strada

La madre mi fa?

Gli hai tenuto la mano di notte?

Hai mai provato

Raccontare storie del mondo?

O! E ha pianto?

Pensi davvero che Lui si preoccupi

Se gli dico delle cose...

Piccole cose che accadono? E

Fai le ali agli angeli

Fare rumore? E può sentire

Io se parlo piano?

Mi capisce adesso?

Dimmi... perché lo sai?

Bella signora vestita di blu

Insegnami a pregare!

Dio era solo il tuo piccolo ragazzo,

E tu conosci la strada.

(Mary Dixon Thayer)

Salve Regina

Salve Regina Santa, Madre di Misericordia. Saluta la nostra vita, la nostra dolcezza e la nostra speranza! A te gridiamo, poveri figli esiliati di Eva; A te mandiamo i nostri sospiri, il nostro cordoglio e il nostro pianto in questa valle di lacrime. Volgi dunque, o misericordiosissimo avvocato, i tuoi occhi di misericordia verso di noi; e dopo questo nostro esilio, mostraci il frutto benedetto del tuo seno, Gesù. O clemente, o amorevole, o dolce Vergine Maria. Prega per noi, o santa Madre di Dio. affinché possiamo essere resi degni delle promesse di Cristo. Amen.

Avemmaria

Ave Maria, piena di grazia, il Signore è con te, benedetta tu fra le donne e benedetto il frutto del tuo seno, Gesù. Santa Maria, Madre di Dio, prega per noi peccatori, ora e nell'ora della nostra morte. Amen.

Litanie della Beata Vergine Maria

Signore, abbi pietà di noi.

Cristo, abbi pietà di noi.

Signore, abbi pietà di noi. Cristo, ascoltaci.

Cristo, ascoltaci benignamente.

Dio, Padre dei cieli, abbi pietà di noi.

Dio Figlio, Redentore del mondo, abbi pietà di noi.

Dio, lo Spirito Santo, abbi pietà di noi.

Santissima Trinità, unico Dio, abbi pietà di noi.

Santa Maria, prega per noi.

Santa Madre di Dio, prega per noi.

Santa Vergine delle vergini, prega per noi.

Madre di Cristo, prega per noi.

Madre della grazia divina, prega per noi.

Madre purissima, prega per noi.

Madre castissima, prega per noi.

Madre inviolata, prega per noi.

Madre incontaminata, prega per noi.

Madre amabilissima, prega per noi.

Madre ammirabilissima, prega per noi.

Madre del buon consiglio, prega per noi.

Madre del nostro Creatore, prega per noi.

Madre del nostro Salvatore, prega per noi.

Vergine prudentissima, prega per noi.

Vergine venerabilissima, prega per noi.

Vergine Celeberrima, prega per noi.

Vergine potentissima, prega per noi.

Vergine misericordiosa, prega per noi.

Vergine fedelissima, prega per noi.

Specchio della giustizia, prega per noi.

Sede della sapienza, prega per noi.

A causa della nostra gioia, prega per noi.

Vaso spirituale, prega per noi.

Vaso d'onore, prega per noi.

Singolare vaso di devozione, prega per noi.

Rosa Mistica, prega per noi.

Torre di Davide, prega per noi.

Torre d'avorio, prega per noi.

Casa d'oro, prega per noi.

Arca dell'alleanza, prega per noi.

Porta del cielo, prega per noi.

Stella del mattino, prega per noi.

Salute degli ammalati, pregate per noi.

Rifugio dei peccatori, prega per noi.

Consolatore degli afflitti, prega per noi.

Aiuto dei cristiani, prega per noi.

Regina degli angeli, prega per noi.

Regina dei patriarchi, prega per noi.

Regina dei profeti, prega per noi.

Regina degli apostoli, prega per noi.

Regina dei martiri, prega per noi.

Regina dei confessori, prega per noi.

Regina delle vergini, prega per noi.

Regina di tutti i santi, prega per noi.

Regina concepita senza peccato originale, prega per noi.

Regina del Santissimo Rosario, prega per noi.

Regina della pace, prega per noi.

Agnello di Dio, che toglie i peccati del mondo.

Risparmiaci, o Signore.

Agnello di Dio, che toglie i peccati del mondo.

Ascoltaci benignamente, o Signore.

Agnello di Dio, che toglie i peccati del mondo.

Abbi pietà di noi.

Cristo, ascoltaci.

Cristo, ascoltaci benignamente.

Prega per noi, o santa Madre di Dio.

affinché possiamo essere resi degni delle promesse di Cristo.

Preghiamo

Ti supplichiamo, o Signore, la Tua grazia nei nostri cuori; affinché noi, ai quali l'incarnazione di Cristo tuo Figlio è stata fatta conoscere dalla parola di un angelo, possiamo essere portati alla gloria della sua risurrezione mediante la sua passione e la sua croce. Per lo stesso Cristo nostro Signore.

L'assistenza divina rimanga sempre con noi.

Possano le anime dei fedeli defunti, per la misericordia di Dio, riposare in pace. Amen.

Noi ci rivolgiamo al tuo patrocinio, o santa Madre di Dio, non disprezzare le nostre richieste nelle nostre necessità; ma liberaci da tutti i pericoli, o Vergine sempre gloriosa e benedetta. Amen.

PREGHIERE DI
MEDITAZIONE
E PETIZIONE

DALL'ARMATURA DI DIO

E

LIBRETTI DELL'ORA SANTA

Cristo per un'anima fedele

Tommaso da Kempis

L'imitazione di Cristo, Libro 3, Capitolo 1

Beate le anime che ascoltano il Signore parlare dentro di loro e ricevono dalla loro bocca la parola di conforto.

Felici sono le orecchie che odono gli accenti del sussurro divino e non prestano attenzione ai sussurri del mondo.

Gli orecchi felici, in verità, sono quegli orecchi che ascoltano la verità stessa che insegna interiormente, e che non ascoltano la voce che risuona all'esterno.

Occhi felici, chiusi alle cose esterne e attenti all'interno. Felici coloro che penetrano nelle cose interne e si sforzano di prepararsi sempre di più con esercizi quotidiani, per raggiungere i segreti celesti.

Felici sono coloro che cercano di essere totalmente intenti a Dio e che si liberano di ogni impedimento mondano.

Pensa a queste cose, anima mia, e chiudi le porte dei tuoi sensi, affinché tu possa udire ciò che il Signore tuo Dio dice dentro di te.

Così dice il tuo Amato: Io sono la tua salvezza, la tua pace e la tua vita; Rimanete in me e troverete pace.

Lascia stare tutte le cose transitorie e cerca le cose eterne.

Che cosa sono tutte le cose temporali, se non l'inganno? E a che cosa ti serviranno tutte le cose create, se sarai abbandonato dal tuo Creatore?

Getta via, dunque, tutte le cose terrene; renditi gradito al tuo Creatore e fedele a Lui in modo da poter raggiungere la vera felicità.

Preghiera per seguire l'esempio
di Gesù Cristo

Tommaso da Kempis

L'imitazione di Cristo, Libro 3, Capitolo 18

Figlia mia, sono disceso dal cielo per la tua salvezza; Ho preso su di me le tue miserie, non per necessità, ma mosso per amore, affinché tu imparassi la pazienza e potessi sopportare, senza lamentarti, le miserie di questa vita. Infatti, dall'ora della mia nascita fino alla mia morte sulla croce, non sono mai stato senza sofferenza.

Signore, poiché Tu sei stato paziente nella vita, specialmente nell'adempimento del comandamento del Padre, è conveniente che io, miserabile peccatore, secondo la Tua volontà, prenda tutto con pazienza e, finché Tu vuoi, sostenga il peso di questa vita corruttibile, per guadagnare la mia salvezza.

Oh, quali grandi grazie sono obbligato a rendere a Te per essermi degnato di mostrare a me e a tutti i fedeli la via giusta e buona per un regno eterno.

Se tu non fossi andato prima di noi a istruirci, chi si sarebbe preoccupato di seguirci?

Ecco, siamo ancora tiepidi, nonostante tutti i miracoli e le istruzioni che abbiamo udito. Che cosa sarebbe, dunque, se non avessimo questa grande luce per seguirti?

Preghiera contro i cattivi pensieri

Tommaso da Kempis

L'imitazione di Cristo - Libro 3, Capitolo 23

Signore, mio Dio, non essere lontano da me. O mio Dio, affrettati ad aiutarmi, perché diversi pensieri malvagi e grandi timori sono sorti contro di me, affliggendo l'anima mia. Come farò a passarli senza soffrire? Come farò a sfondarli?

"E il popolo li prenderà e li condurrà al loro posto, e la casa d'Israele li possederà nel paese dell'Eterno come schiavi e schiave, e li farà prigionieri quelli che li avevano presi e sottometterà i loro oppressori" (Isaia 14:2).

Io, dice, andrò davanti a te e umilierò i grandi della terra. Aprirò i cancelli della prigione e ti rivelerò i segreti nascosti.

Fa' come dici, Signore, e lascia che tutti questi pensieri malvagi fuggano dal Tuo volto.

Questa è la mia speranza e il mio unico conforto, per volare a Te in tutte le tribolazioni, per confidare in Te, per invocarTi dal mio cuore e per cercare pazientemente la Tua consolazione.

Preghiera per l'illuminazione

della mente

Tommaso da Kempis

L'imitazione di Cristo, Libro 3, Capitolo 23

Illuminami, o buon Gesù, con lo splendore della luce interiore, e scaccia tutte le tenebre dalla dimora del mio cuore. Trattieni i miei molti pensieri vaganti e sopprimi tutte le tentazioni che mi assalgono violentemente.

Combatti energicamente per me e vinci queste bestie malvagie, intendo queste seducenti concupiscenze, affinché la pace possa essere fatta in tuo potere, e l'abbondanza della tua lode possa risuonare nella tua santa corte, che è una coscienza pura.

Comanda i venti e le tempeste; di' al mare: "Taci" e al vento del nord: "Non soffiare"; e ne seguirà una grande calma.

Manda la Tua luce e la Tua verità a risplendere sulla terra; perché io sono come la terra, vuota e vuota finché Tu non mi illumini.

Effondi la Tua grazia dall'alto; innaffia il mio cuore con la rugiada del cielo. Manda giù le acque della devozione per lavare la faccia della terra, per produrre frutti buoni e perfetti.

Innalza la mia mente, oppressa dal peso dei peccati, e innalza tutto il mio desiderio verso le cose celesti, affinché, avendo gustato la dolcezza della felicità di lassù, non abbia piacere nel pensare alle cose della terra.

Attirami via e liberami da ogni instabile conforto delle creature; perché nessuna cosa creata può acquietare e soddisfare pienamente i miei desideri.

Uniscimi a Te con un vincolo d'amore inseparabile, perché solo Tu puoi soddisfare l'amante, e senza di Te tutte le cose sono frivole.

Preghiera per la carità e la tolleranza

(Attribuito a Eusebio, vescovo di Cesarea)

Possa io non essere nemico di nessuno, e possa io essere l'amico di ciò che è eterno e rimane. Possa io non litigare mai con coloro che mi sono più vicini; e se lo faccio, possa io riconciliarmi presto. Possa io non tramare mai il male contro nessuno; se qualcuno trama del male contro di me, possa io salvarlo illeso e senza bisogno di fargli del male.

Possa io amare, cercare e ottenere solo ciò che è buono. Possa io desiderare la felicità di tutti gli uomini e non invidiare nessuno. Possa io non gioire mai della sfortuna di chi mi ha fatto un torto.

Quando ho fatto o detto ciò che è sbagliato, non debba mai aspettare il rimprovero degli altri, ma rimproveri sempre me stesso fino a quando non avrò fatto ammenda. Possa io non ottenere alcuna vittoria che danneggi me o il mio avversario. Possa io riconciliare gli amici che sono arrabbiati tra loro.

Posso, nella misura delle mie forze, dare tutto l'aiuto necessario ai miei amici e a tutti coloro che sono nel bisogno. Che io non deluda mai un amico in pericolo.

Quando visito coloro che sono in lutto, possa io essere in grado, con parole gentili e curative, di alleviare il loro dolore.

Possa io rispettare me stesso . . . Possa io domare sempre ciò che infuria dentro di me. . .

Possa io abituarmi ad essere gentile e a non arrabbiarmi mai con le persone a causa delle circostanze.

Che io non discuta mai su chi è malvagio e quali cose malvagie ha fatto, ma conosci gli uomini buoni e segui le loro orme, per Cristo nostro Signore. Amen.

Una preghiera universale

(Composto da Papa Clemente XI)

O mio Dio, io credo in Te; Tu rafforzi la mia fede. Tutte le mie speranze sono in Te; Tu li metti al sicuro. Ti amo con tutto il mio cuore; insegnami ad amarti ogni giorno sempre di più. Mi dispiace di averti offeso; accresci il mio dolore.

Ti adoro come il mio primo inizio; Aspiro a Te come al mio ultimo fine. Ti rendo grazie come mio costante benefattore; Ti invoco come mio sovrano protettore.

Concedi, o mio Dio, di condurmi con la Tua saggezza, di trattenermi con la Tua giustizia, di confortarmi con la Tua misericordia, di difendermi con la Tua potenza.

A Te desidero consacrare tutti i miei pensieri, le mie parole, le mie azioni e le mie sofferenze; affinché d'ora in poi io possa pensare a Te, parlare di Te, affidare costantemente tutte le mie azioni alla Tua maggior gloria e soffrire volentieri qualunque cosa Tu stabilirai.

Signore, desidero in ogni cosa che sia fatta la Tua volontà, perché è la Tua volontà, nel modo in cui Tu vuoi, e per tutto il tempo che vuoi.

Ti supplico di illuminare il mio intelletto, di infiammare la mia volontà, di purificare il mio corpo e di santificare la mia anima.

Fa' che io non sia gonfio d'orgoglio, commosso dall'adulazione, ingannato dal mondo, ingannato dal diavolo.

Dammi la grazia di purificare la mia memoria, di tenere a freno la mia lingua, di trattenere i miei occhi e di mortificare i miei sensi.

Dammi forza, o mio Dio, di espiare le mie offese, di vincere le mie tentazioni, di domare le mie passioni e di acquistare le virtù proprie del mio stato.

Riempi il mio cuore di tenero affetto per la Tua bontà, di odio per i miei difetti, di amore per il prossimo e di disprezzo per il mondo.

Che io ricordi sempre di essere sottomesso ai miei superiori, paziente con i miei inferiori, fedele ai miei amici e caritatevole con i miei nemici.

Concedi, o Gesù, che io possa ricordarmi del Tuo precetto e del Tuo esempio amando i miei nemici, sopportando le ingiurie, facendo del bene a coloro che mi perseguitano e pregando per coloro che mi calunniano.

Aiutami a vincere la sensualità con la mortificazione, l'avarizia con l'elemosina, l'ira con la mansuetudine e la tiepidezza con la devozione.

O mio Dio, rendimi prudente nelle mie imprese, coraggioso nei pericoli, paziente nelle afflizioni e umile nella prosperità.

Fa' che io possa essere sempre attento nelle mie preghiere, moderato nei pasti, diligente nelle occupazioni e costante nei buoni propositi.

Che la mia coscienza sia sempre retta e pura, il mio aspetto modesto di persona, la mia conversazione edificante e la mia vita secondo le regole.

Aiutami, affinché io possa lavorare continuamente per vincere la natura, per corrispondere alla Tua grazia, per obbedire ai Tuoi comandamenti e per operare la mia salvezza.

Aiutami a ottenere la santità di vita con una sincera confessione dei miei peccati, con una devota accoglienza del

Corpo di Cristo, con un continuo raccoglimento della mente e con una pura intenzione del cuore.

Rivelami, o mio Dio, il nulla di questo mondo, la grandezza del cielo, la brevità del tempo e la lunghezza dell'eternità.

Concedi che io possa prepararmi alla morte, che io possa temere i Tuoi giudizi, che io possa sfuggire all'inferno e, alla fine, ottenere il paradiso, attraverso i meriti di Nostro Signore Gesù Cristo.

Una preghiera della Chiesa
Sotto gravi persecuzioni

Tu hai distrutto le fonti e i torrenti; tu hai prosciugato i fiumi Ethan.

Tuo è il giorno e tua è la notte; Tu hai fatto la luce del mattino e il sole.

Tu hai fatto tutti i confini della terra; l'estate e la primavera sono state formate da te.

Ricordati di questo: il nemico ha insultato il Signore; e un popolo stolto ha provocato il tuo nome.

Non consegnare alle bestie le anime che ti confessano e non dimenticare fino alla fine le anime dei tuoi poveri.

Abbi riguardo al tuo patto, perché quelli che sono gli oscuri della terra sono stati riempiti di dimore d'iniquità.

Non si lasci andare gli umili con confusione; i poveri e i bisognosi loderanno il tuo nome.

Sorgi, o Dio, giudica la tua causa, ricordati dei tuoi biasimi, con i quali l'uomo stolto ti ha insultato tutto il giorno.

Non dimenticare le voci dei tuoi nemici: l'orgoglio di coloro che ti odiano sale continuamente. (Sal. 73 [74]:15-23)

Preghiera di Sant 'Ignazio

Prendi, o Signore, e ricevi tutta la mia libertà, la mia memoria, la mia comprensione e tutta la mia volontà. Tutto ciò che sono, tutto ciò che ho, Tu me l'hai dato, e io Te lo restituirò di nuovo perché sia disposto secondo il Tuo beneplacito. Dammi solo il Tuo amore e la Tua grazia; presso di te sono abbastanza ricco, e non chiedo altro ancora. Amen.

La preghiera della freccia d'oro

Possa il santissimo, il più sacro, il più adorabile, il più incomprensibile e l'ineffabile Nome di Dio essere sempre lodato, benedetto, amato, adorato e glorificato in Cielo, sulla terra e sotto terra, da tutte le creature di Dio e dal Sacro Cuore di Nostro Signore Gesù Cristo nel Santissimo Sacramento dell'altare. Amen.

RICONOSCIMENTI

Ai membri della Fondazione Arcivescovo Fulton John Sheen di Peoria (Illinois). In particolare, a Mons. Daniel R. Jenky, C.S.C., Vescovo di Peoria, per la vostra guida e fedeltà alla causa della canonizzazione di Sheen e alla creazione di questo libro.

http://www.archbishopsheencause.org

A Phillip Lee della diocesi cattolica di Peoria per aver concesso il permesso di utilizzare l'immagine della Sacra Ostia nell'ostensorio, che è stata posta sull'altare maggiore della Cattedrale di Santa Maria dell'Immacolata Concezione situata a Peoria, Illinois.

http://www.cdop.org

Al personale del Sophia Institute Press per la loro inestimabile assistenza nel condividere gli scritti dell'Arcivescovo Fulton J. Sheen a una nuova generazione di lettori.

http://www.sophiainstitute.com

Ai bravi ragazzi di 'Bishop Sheen Today'. Apprezziamo la vostra guida, il vostro sostegno e le vostre preghiere nell'aiutarci a condividere la saggezza dell'arcivescovo Fulton J. Sheen. Il vostro lavoro apostolico di condividere le sue presentazioni audio e video, insieme ai suoi numerosi scritti, a un pubblico mondiale è molto apprezzato.

http://www.bishopsheentoday.com

Ai volontari della Società Missionaria dell'Arcivescovo Fulton J. Sheen del Canada: il vostro motto "Se le anime non sono salvate, nulla è salvato", parla della realtà che Gesù Cristo è venuto nel mondo per rendere la salvezza disponibile a tutte le anime.

www.archbishopfultonjsheenmissionsocietyofcanada.org

E infine, all'Arcivescovo Fulton J. Sheen, i cui insegnamenti sulla Passione di Nostro Signore e sulle Sue Sette Ultime Parole continuano a ispirarmi ad amare di più Dio e ad apprezzare il dono della Chiesa. Possiamo noi essere così benedetti da imitare l'amore dell'Arcivescovo Sheen per i santi, i sacramenti, l'Eucaristia e la Beata Vergine Maria. Che il Buon Dio gli conceda un posto molto alto in cielo!

INFORMAZIONI SULL'AUTORE

Fulton J. Sheen (1895-1979)

L'arcivescovo Sheen, meglio conosciuto per il suo programma televisivo popolare e trasmesso in televisione, La vita vale la pena di essere vissuta, è considerato oggi una delle figure più riconosciute del cattolicesimo del XX secolo.

Fulton John Sheen, nato l'8 maggio 1895 a El Paso, Illinois, è stato allevato ed educato nella fede cattolica romana. Originariamente chiamato Peter John Sheen, divenne noto da ragazzo con il nome da nubile di sua madre, Fulton. Fu ordinato sacerdote della diocesi di Peoria nella Cattedrale di Santa Maria a Peoria, Illinois, il 20 settembre 1919.

Dopo l'ordinazione, Sheen studiò all'Università Cattolica di Lovanio, dove conseguì il dottorato in filosofia nel 1923. Nello stesso anno ricevette il Premio Cardinale Mercier per la Filosofia Internazionale, diventando il primo americano in assoluto a ottenere questo riconoscimento.

Al suo ritorno in America, dopo un lavoro vario e approfondito in tutta Europa, Sheen continuò a predicare e insegnare teologia e filosofia dal 1927 al 1950, presso l'Università Cattolica d'America a Washington DC.

A partire dal 1930, Sheen condusse una trasmissione radiofonica settimanale della domenica sera chiamata "The Catholic Hour". Questa trasmissione catturò molti ascoltatori devoti, attirando un pubblico di quattro milioni di persone ogni settimana per oltre vent'anni.

Nel 1950 divenne direttore nazionale dell'Opera per la Propagazione della Fede, raccogliendo fondi per sostenere i missionari. Durante i sedici anni in cui ricoprì questo incarico, furono raccolti milioni di dollari per sostenere l'attività missionaria della Chiesa. Questi sforzi hanno influenzato decine di milioni di persone in tutto il mondo, portandole a conoscere Cristo e la sua Chiesa. Inoltre, la sua predicazione e il suo esempio personale portarono molti convertiti al cattolicesimo.

Nel 1951, Sheen fu nominato vescovo ausiliare dell'arcidiocesi di New York. Nello stesso anno, ha iniziato a condurre il suo programma televisivo "Life is Worth Living", che è durato sei anni.

Nel corso della sua corsa, quel programma ha gareggiato per il tempo di trasmissione con popolari programmi televisivi ospitati da artisti del calibro di Frank Sinatra e Milton Berle. Il programma di Sheen tenne testa e nel 1953, appena due anni dopo il suo debutto, vinse un Emmy Award come "Personalità televisiva più eccezionale". Fulton Sheen attribuì agli scrittori dei Vangeli - Matteo, Marco, Luca e Giovanni - il loro prezioso contributo al suo successo. Lo show televisivo di Sheen andò in onda fino al 1957, vantando ben trenta milioni di spettatori settimanali.

Nell'autunno del 1966, Sheen fu nominato vescovo di Rochester, New York. Durante quel periodo, il vescovo Sheen condusse un'altra serie televisiva, "The Fulton Sheen Program" che andò in onda dal 1961 al 1968, modellando da vicino il formato della sua serie "La vita vale la pena di essere vissuta".

Dopo quasi tre anni come vescovo di Rochester, Fulton Sheen si dimise e fu presto nominato da papa Paolo VI arcivescovo titolare della sede di Newport, nel Galles. Questa nuova nomina permise a Sheen la flessibilità di continuare a predicare.

Un'altra pretesa di fama furono le omelie annuali del Venerdì Santo del vescovo Sheen, che predicò per cinquantotto anni consecutivi nella Cattedrale di San Patrizio a New York e altrove. Sheen ha anche condotto numerosi ritiri per sacerdoti e religiosi, predicando in conferenze in tutto il mondo.

Quando Papa San Pio XII gli chiese quanti convertiti avesse fatto, Sheen rispose: "Santità, non li ho mai contati. Ho sempre paura che se li contassi, penserei di averli fatti io, invece del Signore".

Sheen era noto per essere accessibile e con i piedi per terra. Era solito dire: "Se vuoi che le persone rimangano come sono, dì loro quello che vogliono sentire. Se vuoi migliorarli, dì loro quello che dovrebbero sapere". Lo fece, non solo nella sua predicazione, ma anche attraverso i suoi numerosi libri e articoli. Il suo libro intitolato "Peace of Soul" è stato il sesto nella lista dei best-seller del New York Times.

Tre dei grandi amori di Sheen furono: le missioni e la propagazione della fede; la Santa Madre di Dio e l'Eucaristia.

Faceva un'ora santa quotidiana di preghiera davanti al Santissimo Sacramento. Fu da Gesù stesso che egli trasse la forza e l'ispirazione per predicare il Vangelo, e alla Presenza del Quale preparò le sue omelie. "Prego [Cristo] ogni giorno di mantenermi forte fisicamente e mentalmente vigile, al fine di predicare il Suo vangelo e proclamare la Sua Croce e la Sua

Risurrezione", ha detto. "Sono così felice di fare questo che a volte sento che quando verrò dal buon Dio in Cielo, mi prenderò qualche giorno di riposo e poi Gli chiederò di permettermi di tornare di nuovo su questa terra per fare un po' più di lavoro".

I suoi contributi alla Chiesa cattolica sono numerosi e vari, che vanno dall'educazione nelle aule, nelle chiese e nelle case, alla predicazione in un programma radiofonico pubblicizzato a livello nazionale e in due programmi televisivi, oltre a scrivere oltre sessanta opere scritte. L'arcivescovo Fulton J. Sheen aveva il dono di comunicare la Parola di Dio nel modo più puro e semplice. Il suo forte sfondo in filosofia lo ha aiutato a relazionarsi con tutti in modo altamente personalizzato. I suoi messaggi senza tempo continuano ad avere grande rilevanza oggi. Il suo obiettivo era quello di ispirare tutti a vivere una vita incentrata su Dio con la gioia e l'amore che Dio intendeva.

Il 2 ottobre 1979, l'arcivescovo Sheen ricevette il suo più grande riconoscimento, quando Papa San Giovanni Paolo II lo abbracciò nella Cattedrale di San Patrizio a New York City. Il Santo Padre gli disse: "Tu hai scritto e parlato bene del Signore Gesù. Tu sei un figlio leale della Chiesa".

Il buon Dio chiamò Fulton Sheen a casa il 9 dicembre 1979. Le sue trasmissioni televisive, ora disponibili attraverso vari media, e i suoi libri, estendono la sua opera terrena di conquistare anime a Cristo. La causa di canonizzazione di Sheen è stata aperta nel 2002. Nel 2012, Papa Benedetto XVI lo ha dichiarato "Venerabile" e nel luglio del 2019 Papa Francesco ha formalmente approvato il miracolo necessario per far avanzare il processo di beatificazione e canonizzazione di Sheen. Il tempo e la data in cui la Chiesa dichiarerà santo l'Arcivescovo Fulton J. Sheen è nelle mani di Dio.

Preghiera per la canonizzazione dell'Arcivescovo Fulton J. Sheen

Padre celeste, fonte di ogni santità, susciti nella Chiesa, in ogni tempo, uomini e donne che servono con amore eroico e dedizione.

Tu hai benedetto la Tua Chiesa attraverso la vita e il ministero del Tuo fedele servitore, l'Arcivescovo Fulton J. Sheen.

Egli ha scritto e parlato bene del Tuo Divin Figlio, Gesù Cristo, ed è stato un vero strumento dello Spirito Santo nel toccare i cuori di innumerevoli persone.

Se è secondo la Tua Volontà, per l'onore e la gloria della Santissima Trinità e per la salvezza delle anime, Ti chiediamo di muovere la Chiesa a proclamarlo santo. Chiediamo questa preghiera per mezzo di Gesù Cristo, nostro Signore. Amen.

Imprimatur: +S.E.R. Mons. Daniel R. Jenky, C.S.C., Vescovo di Peoria

Libri di qualità disponibili tramite

Vescovo Sheen oggi Publishing

Il Calvario e la Messa

Vittoria sul vizio

Le Sette Virtù

Il prete non è il suo

VIENI A TROVARCI A

IL VESCOVO SHEEN OGGI

http://www.bishopsheentoday.com

DIO TI AMA

www.ingramcontent.com/pod-product-compliance
Lightning Source LLC
Chambersburg PA
CBHW060754050426
42449CB00008B/1399